PE. DIOGO ALBUQUERQUE

40 DIAS COM SÃO MIGUEL

EM ORDEM DE BATALHA PELA CURA E LIBERTAÇÃO DAS FAMÍLIAS

ANGELVS EDITORA
EDIÇÕES KAROL WOJTILA

Dados Internacionais de Catalogação na Publicação (CIP)
(Câmara Brasileira do Livro, SP, Brasil)

Albuquerque, Diogo
40 dias com São Miguel : em ordem de batalha pela cura e libertação das famílias / Diogo Albuquerque. -- 1. ed. -- São Paulo : Angelus Editora, 2024.

ISBN 978-65-89083-53-5

1. Cura pela fé - Igreja Católica 2. Famílias - Aspectos religiosos - Cristianismo 3. Libertação espiritual 4. Miguel (Arcanjo) 5. Miguel (Arcanjo) - Orações e devoções I. Título.

24-220473 CDD-235.3

Índices para catálogo sistemático:

1. Miguel Arcanjo : Santos anjos celestiais : Cristianismo 235.3

Aline Graziele Benitez - Bibliotecária - CRB-1/3129

40 DIAS COM SÃO MIGUEL
Em ordem de batalha pela Cura e Libertação das famílias
1ª Edição

Direção Editorial:
Maristela Ciarrocchi

Revisão:
Ariane dos Santos Neves Monteiro

Preparação:
Bruno Maciel Onofrio

Capa, Projeto gráfico e diagramação:
Priscila Venecian

ISBN: 978-65-89083-53-5

PE. DIOGO ALBUQUERQUE

40 DIAS COM SÃO MIGUEL

EM ORDEM DE BATALHA PELA CURA E LIBERTAÇÃO DAS FAMÍLIAS

ANGELVS EDITORA

EDIÇÕES KAROL WOJTILA

PREFÁCIO

Em nossos dias, notamos em todo o mundo um ataque frontal à família, ameaçada — quando não destruída —, pela decadência dos valores morais, pelo materialismo teórico e prático, pela mentalidade hedonista promovida pelo consumismo, que muitos são forçados a se perguntar: mas qual é o significado da família, o que ela importa?

De verdade, vivemos em tempos difíceis, nos quais a missão das famílias cristãs torna-se cada vez mais desafiadora, convidada a rever os paradigmas, aprofundar e empenhar-se a manter as raízes em Deus. A humanidade tem mergulhado a vida numa sociedade egoísta, tecnicista, capitalista, em que o valor da pessoa fica em último lugar. Somos conduzidos, às vezes, até forçados a repensar nossos planos, projetos, ideais, frente às atrocidades dos nossos dias. Hoje, as pessoas parecem ser tratadas numa "cultura do descartável", mortes em massa, miséria, fome, um pequeno retrato da precária situação contemporânea em que se encontra a família.

Sendo continuamente provocado por essa triste realidade, o Pe. Diogo Albuquerque tem se dedicado desde o início do ministério, de modo particular, à formação humana e espiritual das famílias católicas, utilizando vários meios que promovam a oração comum: orar uns pelos outros, orar em família, porque "é isso que torna a família forte: a oração" (Papa Francisco). Neste itinerário de oração, o Pe. Diogo compreende que a relação de uma família com Deus pode ser definida com uma só palavra: a oração. Por isso, intitula este livro com a frase **"40 dias com São Miguel: em ordem de batalha pela libertação das famílias"**, que tem a finalidade de convidar e promover na vida das famílias, 40 dias de oração com a intercessão de São Miguel Arcanjo. Um caminho espiritual que percorre temas importantes, exigentes e decisivos para que a família possa cumprir a própria função de cristãos com verdadeira eficácia em nossos dias.

Como católicos, quando falamos da devoção aos Santos Anjos, não nos referimos a uma abstração, aos fenômenos acidentais da natureza nem aos motivos decorativos barrocos, típicos de arte efêmera. O Catecismo da Igreja Católica fala-nos da existência de Anjos, como verdade da Fé, ou seja, a existência de seres espirituais, não-corporais, testemunhados pelas Sagradas Escrituras e pela unanimidade da Tradição (Catecismo, n.328). Na nossa Profissão de Fé, afirmamos: "Creio em um só Deus, Pai todo-poderoso, Criador do Céu e da Terra, de todas as coisas, visíveis e invisíveis".

E, com isso, se estabelece tudo o que Deus criou, ou seja, tudo quanto existe e é perceptível aos nossos sentidos, quer conheçamos ou não e, ainda, o que não conhecemos pelos sentidos, mas tem existência própria, numa esfera espiritual.

Nos textos da Sagrada Escritura a palavra "anjo" é expressa pelo termo *malak* em hebraico ou *angelos* em grego, que significa "mensageiro ou arauto, isto é, aquele que anuncia". Portanto, são anunciadores ou arautos de Deus. Dentre as várias referências à presença dos anjos e à ação misteriosa, os textos sagrados apresentam apenas três nomes de anjos: Miguel (= Quem como Deus?), Gabriel (= herói/valente/guerreiro de Deus) e Rafael (= Deus cura). Desde os primeiros séculos do cristianismo se afirma que os anjos possuem uma tarefa dupla: uma em relação a Deus e outra em relação aos homens. Em relação a Deus a principal tarefa dos anjos nos Céus é, continuamente, louvar, glorificar e servir a Deus. E, em relação aos homens conforme os desígnios de Deus, os anjos são guardiões e protetores. A Igreja ensina que, desde a concepção até a morte natural, a vida humana é cercada pela proteção (cf. Sl 90,10-13) e pela intercessão dos anjos: "o anjo do Senhor acampa ao redor dos que o temem e os salva" (Sl 33,8). Veja, nós somos amparados pela misericórdia e auxílio de Deus através dos anjos. Somos motivados em todos os tempos e, de modo especial, em preparação a festa dos Santos Arcanjos Miguel, Gabriel e Rafael celebrada na liturgia no dia 29 de setembro, a rezarmos 40 dias —

iniciando na Solenidade da Assunção da Bem-Aventurada Virgem Maria no dia 15 de agosto — em devoção e louvor a São Miguel Arcanjo, como expressão de confiança na intercessão e na proteção divina sobre a Igreja Católica e os fiéis. Na tradição cristã, o Arcanjo é retratado como um guerreiro espiritual que liderou os anjos fiéis na batalha contra Lúcifer e os anjos rebeldes. A vitória dele simboliza a derrota do mal e a proteção da verdade e da justiça.

Certos desse grande dom de Deus, somos convocados a despertar-nos de toda tibieza e levantarmo-nos como um exército que crê e clama pela libertação das nossas famílias, glorificando os coros angélicos, pois eles também com São Miguel, formam a mais bela assembleia de louvor e adoração a Deus. Com toda a nossa fé, vamos louvar, agradecer e implorar a proteção dos anjos: "venham, amigos de Cristo em auxílio da minha família, iluminai-nos e da escuridão do pecado nos libertai para que solenemente celebremos a vitória em nossas vidas; e fervorosamente rogai por nós para que possamos ser libertos das insígnias de satanás e de todo e qualquer infortúnio, ó ilustríssimos Intercessores" (cf. Papa João Paulo II, *Familiaris Consortio*, n. 15). Pela oração, nossas famílias não apenas se tornam o lugar em que somos gerados, mas progressivamente introduzidos na família de Deus, que é a Igreja.

Somente a oração pode unir nossas vidas à vida de Deus, gerando em nosso interior uma força que nos atrai para as profundezas da Misericórdia do Criador, imunizando-nos do espírito do mundo, oferecendo-nos a paz que o mundo não conhece, alegrias que são incomparáveis com as do mundo, consolações que nos saciam.

Que estes quarentas dias de oração com São Miguel Arcanjo torne a tua família, uma pequena igreja doméstica que aprende a experimentar os efeitos sublimes do amor, a trilhar esses novos caminhos que o Espírito Santo está apontando no hoje da nossa história dando-nos a coragem de celebrar no Senhor a vitória contra todo o mal.

Em ordem de batalha, oremos juntos com São Miguel pela libertação de nossas famílias. Ele é o guerreiro espiritual que liderou os anjos fiéis na batalha contra Lúcifer e os anjos rebeldes.

Digamos em alta voz: São Miguel, defendei-nos no combate!

Pe. Pedro Morais

Comunidade Aliança de Misericórdia

SUMÁRIO

INTRODUÇÃO

"Houve então uma batalha no céu: Miguel e seus anjos guerrearam contra o Dragão. O Dragão lutou, juntamente com seus anjos, mas foi derrotado; e eles perderam seu lugar no céu." (Ap 12,7-8)

Quem como Deus? Ninguém como Deus!

Caro filho (a) da Família Sentinela, e você que agora possui este livro em suas mãos, graça e paz.

A minha história e devoção a São Miguel e aos Santos Anjos começou aos meus 13 anos de idade, e hoje, aos trinta e oito, percebo o quanto ela foi importante para minha espiritualidade e sacerdócio.

Os Santos Anjos são nossos amigos no Céu e nos auxiliam no combate diário que travamos aqui na terra, em todas as áreas da nossa vida. Eles nunca me negaram nada e em tudo, sempre me assistiram e inspiraram, numa busca ardente pela santidade, por nosso Senhor Jesus Cristo, no Santíssimo Sacramento — a grande riqueza e o maior amor deles.

Com eles aprendemos a adorar Nosso Senhor, aprendemos amar e honrar a Virgem Santíssima, Augusta Rainha e Senhora, além de combatermos de forma corajosa e ousada a tirania daquele que é nosso principal inimigo, e que pelo glorioso São Miguel, foi precipitado do céu: Lúcifer e os demônios dele.

Os Santos Anjos são os grandes responsáveis por nutrir em nós o desejo do Céu, e de nos ensinar e inspirar na busca da realização da vontade de Deus em nossas vidas. Eles são os primeiros, em matéria de fidelidade e submissão, do projeto divino e da realização dele, tanto na terra como no Céu.

A ideia da composição deste Itinerário de oração com o grande São Miguel Arcanjo, nosso amigo no Céu e guardião na terra, nasceu da urgência, que em meu sacerdócio tenho identificado a cada dia, em meus atendimentos e orações, uma vez que, percebo e experimento o quanto a fúria do demônio contra as famílias e o povo cristão católico, tem se intensificado.

Famílias divididas, filhos cada vez mais rebeldes, jovens reféns da tecnologia e afastados da Igreja, crianças cada vez mais dispersas e doentes, física e psicologicamente, além de casamentos e relacionamentos fragmentados e feridos. O cenário é estarrecedor: muitos têm perdido a esperança.

Diante disso, senti que algo precisava ser feito. Ora, o que fazer? Desistir também? Desesperar-me e cruzar os braços, julgando normal, o que não tem explicação? Não. Como Sacerdote e homem espiritual, eu não posso fazer isso. Então o Senhor me inspirou: — "Só há um caminho, Padre Diogo, só há um caminho: ORAR, ORAR E ORAR, e depois ORAR mais um pouco, pois somente pela força da oração vocês poderão vencer."

A partir de dessa inspiração, elaborei o itinerário de quarenta dias com São Miguel, uma vez que, assim como ele venceu e destruiu a fúria e tirania de Satanás, nós também, se seguirmos a mesma metodologia, venceremos.

Ele deve ser rezado sempre que você se sentir ameaçado e necessitado de ajuda e proteção, cura e libertação, para sua casa e sua família. Ele não é para ser realizado somente em um período do ano, mas para ser uma arma de guerra espiritual, que te mantenha ocupado e revestido sempre.

É por isso que junto ao itinerário dos 40 dias, há uma série de outras orações de cura e libertação, que já conhecemos e rezamos, pois, uma vez conhecida a ação e eficácia, não poderiam ficar de fora desta obra. Além de alguns artigos que nos auxiliarão na formação e conhecimento acerca do tema dos Anjos, tão necessário, mas ao mesmo tempo, tão pouco conhecido e explorado na nossa Igreja.

Desejo a você e sua família um tempo abençoado e profícuo de oração. Que, assim como na minha vida e trajetória, São Miguel Arcanjo e os Santos Anjos, te auxiliem e protejam.

Deus lhes abençoe e fortaleça. Joelhos no chão, rosário rezado, inimigo derrotado.

Família forte é família que reza!

Em Cristo Jesus,

Padre Diogo Albuquerque

1.

Quem é São Miguel Arcanjo?

São Miguel é um dos três arcanjos que conhecemos. A ele costumam nutrir uma fiel e especial devoção, a fim de pedir-lhe proteção e libertação dos ataques do inimigo de Deus. Afinal, ele é conhecido por ser um guerreiro de Deus contra o mal, conforme as Sagradas Escrituras, nossa Tradição e Magistério. O nome Miguel tem origem hebraica e significa "Quem como Deus?".

Miguel, "aquele que se parece com Deus", na Tradição da Igreja é o chefe dos anjos no céu: **"Os Anjos – entre eles os Arcanjos São Miguel, São Rafael e São Gabriel — são criaturas divinas: 'não existe nada que não deva sua existência a Deus criador'"**, explica o Catecismo da

Igreja Católica (CIC 338). E a existência dele é uma verdade de fé expressa pela Bíblia Sagrada e pela Tradição da Igreja (cf. CIC 328). O título de Arcanjo refere-se a "anjo principal", designando a importância dos arcanjos na missão que possuem.

Miguel aparece duas vezes no Antigo Testamento: em Dn 10,13, que diz: "Miguel, um dos grandes príncipes" e logo depois, no versículo 22, como "um grande príncipe". É considerado o guardião celeste, o príncipe e guerreiro que defende o trono celestial. Ele é também o defensor e protetor do Povo de Deus e Padroeiro da Igreja Católica. São Miguel Arcanjo é o chefe supremo do exército celestial, dos anjos que são fiéis a Deus. Ele é o Arcanjo da Justiça e do arrependimento, o grande combatente e vencedor das forças do mal.

Em 2013, o Estado da Cidade do Vaticano foi consagrado a São Miguel Arcanjo, ao lado de São José. Desta forma, São Miguel é reconhecido oficialmente como defensor da Fé e da Igreja. Guerreiro celeste, protetor dos espadachins e dos mestres de armas, as capacidades dele como juiz de almas também o tornaram patrono de todos os ofícios que envolvem o uso de uma balança: tais como comerciantes, farmacêuticos e padeiros. É também o patrono da polícia.

São Miguel aparece na arte litúrgica da Igreja como um anjo segurando uma espada (ou lança), um escudo e uma balança. Ora, quando se fala dos anjos, fala-se de espíritos que não possuem corpos, matéria. Então o que seriam essa espada, escudo e balança? É São Paulo quem nos responde:

> **"Ficai alerta, à cintura cingidos com a verdade, o corpo vestido com a couraça da justiça, e os pés calçados de prontidão para anunciar o Evangelho da paz. Sobretudo, embraçai o escudo da fé, com que possais apagar todos os dardos inflamados do Maligno. Tomai, enfim, o capacete da salvação e a espada do Espírito, isto é, a Palavra de Deus." (Ef 6,14-17)**

São com essas armas que o Príncipe das Milícias Celestes luta e vence os anjos de satanás.

Assim, não só podemos, mas devemos venerar os anjos, **"porque eles a ajudam em sua peregrinação terrestre e protegem cada ser humano." (cf. CIC 352).**

Certos dessa tradição, os santos expressavam a fé nos escritos acerca de São Miguel. O Papa Pio IX certa vez escreveu: **"São Miguel é quem tem maior capacidade para exterminar as forças malditas, filhos de satanás, que juraram a ruína da sociedade cristã".**

São Francisco de Assis também nutria uma especial devoção e foi o primeiro a praticar a quaresma de São Miguel.

Ele costumava dizer que São Miguel **"devia ser mais excelentemente honrado, pelo fato que este tinha o ofício de apresentar as almas a Deus" (2 Celano 197)**. Costumava rezar:

> **"Senhor Jesus Cristo, rei da glória, livra as almas de todos os defuntos das penas do inferno e do profundo abismo, livra-as das faces do leão, a fim de que não seja presa do tártaro e não caiam nas trevas; mas que o porta-estandarte São Miguel as conduza à luz santa que um dia prometeste a Abraão e à sua descendência" (GIUDICI, M. Pia. Os anjos existem!)**

Santa Joana d'Arc (1431) afirma que São Miguel foi um dos espíritos santos que a ajudaram e deram a ela a coragem de salvar a França durante a guerra dos 100 anos (1337-1455).

Assim, da mesma forma que São Miguel lutará na Parusia, hoje combate por nós, protege-nos das milícias do inferno. Como príncipe dos anjos, lidera também nossos anjos da guarda que nos protegem a todo tempo, o tempo todo.

De acordo com as Escrituras Sagradas, São Miguel Arcanjo possui diversas tarefas, dentre as quais se destacam as seguintes funções:

1 - Combater Satanás e todos os poderes do mal;

2 - Resgatar as almas dos fiéis que o demônio dominou, em especial na hora da morte;

3 - Defender e proteger o povo de Deus, todos aqueles que creem n'Ele.

Embora hoje em dia não se preste a devida e necessária atenção a essa devoção, ela se faz ainda mais urgente, pois vivemos em um tempo em que se perdeu o sentido do sagrado, do espiritual e do divino, sendo também resposta providencial de Deus às necessidades da humanidade.

Os anjos são, dessa forma, um sinal da presença de Deus, do cuidado atento e constante. Estando diante de Deus, tão próximos a Ele, podem nos revelar o querer e os pensamentos d'Ele, na medida em que essa mensagem auxilia em nosso caminho de santidade.

Segundo São João Paulo II, **"os anjos existem, são enviados pela Divina Providência, para que nos ajudem a alcançar a santidade de vida".** A maior importância dos arcanjos para nós é a santidade.

2.

São Miguel Arcanjo e o Combate contra o Mal

De uma forma geral, o nosso relacionamento com os anjos, essas criaturas de Deus, é bastante desleixado: agimos, muitas vezes, como se os anjos sequer existissem. E, no entanto, eles verdadeiramente existem: são uma criação extraordinária de Deus, situada, hierarquicamente, entre o homem e Deus.

Eles são puramente espirituais, não têm corpo, mas também estão a serviço de Deus e são muito mais poderosos e gloriosos que os homens, estando alguns ordenados para o auxílio dos seres humanos.

Dispostos em hierarquia, os anjos que estão em contato

com os homens são os das miríades inferiores, como, por exemplo, os arcanjos, que constituem o segundo coro angélico. É nesse nível que se encontra São Miguel Arcanjo, cuja celebração acontece no dia 29 de setembro.

SÃO MIGUEL E OS ANJOS CAÍDOS

A história desse arcanjo está ligada ao relato da queda dos anjos. Deus criou-os, antes mesmo da criação do mundo, inseridos, de algum modo, no tempo, e ofereceu-lhes uma ocasião para demonstrar o amor.

É importante lembrar que quando os anjos foram criados, eles não estavam na presença de Deus. Ele revelava-se a eles de alguma forma, mas não era um contato face a face, pois isso obstruiria a liberdade angélica: Deus é uma verdade tão atraente que, uma vez contemplada, elimina a capacidade das criaturas de escolher.

Então, certa vez, para testar o amor dos anjos, Deus deu-lhes uma provação. Sabe-se disso pela Tradição, mas também pelo ministério dos exorcistas, que expõe que certas ideias são insuportáveis ao demônio, a saber: a encarnação do Verbo Divino, o aniquilamento na Cruz e, por fim, a posição de primazia de Nossa Senhora entre todas as criaturas.

Foi por tais ideias que Lúcifer— um anjo cheio de glória e beleza —, juntamente com um terço dos anjos, decaiu. O relato da batalha travada no Céu por essa ocasião está resumido no livro do Apocalipse de São João:

"Houve uma batalha no céu. Miguel e seus anjos tiveram de combater o Dragão. O Dragão e seus anjos travaram combate, mas não prevaleceram. E já não houve lugar no céu para eles. Foi então precipitado o grande Dragão, a primitiva Serpente, chamado Demônio e Satanás, o sedutor do mundo inteiro. Foi precipitado na terra, e com eles os seus anjos." (Ap 12,7-9)

O RELATO DE UM EXORCISTA

O padre exorcista espanhol José Antonio Fortea, no livro **"História do mundo dos anjos"**, destrincha essa impressionante história, colocando a rica teologia angélica dentro de uma obra literária. Para explicar o porquê de São Miguel, mesmo sendo de uma hierarquia inferior, é aclamado como "príncipe da milícia celeste", ele coloca na boca de um anjo a seguinte narração:

"Dentre os anjos fiéis a Deus, no meio de todas essas lutas houve um que se destacou. Não se tratava de um anjo superior, mas o seu amor era superior. Foi ele quem manteve mais viva a chama da fidelidade nos piores momentos da batalha, quando tudo estava escuro e parecia que a metade dos anjos iriam se rebelar. Foi destacado no bem e a sua fé iluminou a muitos. Foi ele quem no momento mais escuro, na hora mais terrível no qual as multidões começaram a duvidar, no meio do inicial silêncio geral gritou:

— Quem como Deus!

Foi assim que ficou o seu nome: *Mika-El*, Miguel. O lutador infatigável e invencível. Miguel continuava a se destacar como guerreiro. A luz do seu veemente amor iluminou a muitos que estavam confusos. O seu amor arrebatador derrubou a muitos que lutavam em favor do erro. Inclusive, aqueles que combatiam com Lúcifer reconheciam que nenhum dardo envenenado com suas razões, poderia penetrar a couraça da sua fé inquebrantável. No meio da dúvida, ele foi imbatível.

Ele é representado com uma couraça, mas ele não portava nenhuma couraça material. Tratava-se de uma couraça espiritual impenetrável às seduções lançadas pelo iníquos. A única arma dele era a espada da verdade, da verdade sobre Deus.

Miguel conhecia melhor a Deus que os inteligentes, porque ele amava mais. Por essa razão, aqueles que foram ao seu encontro, tiveram que recuar" (José Antonio Fortea.

História do mundo dos anjos. Trad. Laura de Andrade. São Paulo: Palavra & Prece, 2012. p. 61-62).

"Miguel conhecia melhor a Deus que os inteligentes, porque ele amava mais". Mesmo sendo de hierarquia inferior, "o seu amor era superior". Por isso, venceu as hostes inimigas que, embora tivessem como líder o regente dos coros angélicos, Lúcifer, pelo ódio, "tiveram que recuar".

Mas, que as pessoas não se enganem, pensando que Deus pode perdoar o demônio. De fato, Ele ofereceu a reconciliação a Lúcifer, no tempo da provação, mas ele a rejeitou total e absolutamente. Ainda do livro de Padre Fortea:

"Inesperadamente o onipotente Deus, Senhor de todas as coisas, falou. Dirigiu-se a Satanás. Todos sabiam que eram as últimas palavras que iria lhe dirigir.

'Filho Meu, volta para Mim. Repito, esta é a última oportunidade. O Teu pecado não é maior que a Minha misericórdia. Fui grande ao criar o Céu, mas é maior Meu perdão. Se retornares e coras as tuas faltas, você será a joia do Céu. A luz da Minha compaixão perfeita resplandecerá em ti. Os milênios te contemplarão e Me glorificarão'.

Quão grande foi o Altíssimo ao lhe perdoar todo o seu mal. 'Filho Meu, você será a joia da Minha misericórdia. Haverás de brilhar e ficarão atônitos os humanos que virão. Eles te olhando compreenderão que não há pecado que eu não possa perdoar. Você melhor do que ninguém poderá transmitir essa confiança ao caído. Você será um grande pregador, um grande intercessor que ao longo dos séculos me repetirá: se me perdoaste a mim, perdoa ele'.

(...)

O diabo ergueu a cabeça e com toda a frialdade respondeu:

— Jamais! Nunca me ajoelharei!

(...)

No mesmo momento que o Dragão ameaçou em se lançar de novo em direção ao mundo angélico, Miguel o arcanjo, desembainhou a espada e mostrou-a para ele. Satã deu um sorriso e com um gesto de desprezo deu um impulso para se jogar em direção das nuvens de anjos. Miguel, sem duvidar e com um gesto instantâneo, cravou-lhe a espada no coração. A Verdade enterrada no próprio coração do diabo teve um efeito fulminante. O imenso Dragão ficou como com seus pés colados ao chão, como se não pudesse levantá-los nenhum milímetro. Parecia que houvesse batido com um muro, essa espada era como uma muralha de granito" (José Antonio Fortea. História do mundo dos anjos. Trad. Laura de Andrade. São Paulo: Palavra & Prece, 2012. p. 89-90).

3.

A Visão do Papa Leão XIII e a Oração do Exorcismo de São Miguel Arcanjo

Em 1886, o Papa Leão XIII instituiu o que mais tarde seria conhecido como "Orações Leoninas", feitas após a Missa. Essas orações incluem a famosa Oração a São Miguel.

Não se sabe muito qual é a origem, mas muitos historiadores acreditam que o Papa Leão teve uma visão profunda e, depois, escreveu a oração.

De acordo com Kevin Symonds, autor do livro *Pope Leo XIII and the Prayer to St. Michael* ("O Papa Leão XIII e a

Oração a São Miguel"), a visão provavelmente ocorreu entre 1884 e 1886 durante a celebração de uma Missa. Vários documentos dizem que o Papa Leão teve uma mudança visível sobre o rosto durante a visão e afirmam que a face dele estava "pálida e com feição de medo".

Um cardeal, que conhecia o secretário particular do então pontífice, explica que **"o Papa Leão XIII realmente teve uma visão de espíritos demoníacos, que estavam se reunindo na Cidade Eterna (Roma). A partir dessa experiência vem a oração que ele queria que toda a Igreja rezasse".**

Com o passar do tempo, alguns "adornos" começaram a aparecer em relação à visão. Os boatos diziam que o Papa Leão XIII teria testemunhado uma conversa entre Jesus e Satanás.

Satanás diz a Jesus: "Eu posso destruir a sua Igreja".

Jesus responde: "Você pode? Então vá em frente e faça isso".

Satanás: "Para fazer isso, preciso de mais tempo e mais poder".

Jesus: "Quanto tempo? Que tipo de poder?"

Satanás: "De 75 a 100 anos, e um poder maior sobre aqueles que se entregam ao meu serviço".

Jesus: "Você tem o tempo, você terá o poder. Faça com eles o que você quiser."

Independentemente de como foi a experiência do Papa Leão XIII, parece certo de que o que ele viu não era nada agradável. Isso o levou a compor rapidamente a Oração para São Miguel e a solicitar o uso no final das Missas. O Papa acreditava que a oração era necessária para dissipar a escuridão que assolava o mundo na época. Uma oração mais longa a São Miguel, conhecida como "oração do exorcismo", apesar de não ter sido usada em rituais exorcistas, foi aprovada pelo Papa três anos depois em duas versões: uma para o clero e outra para a oração individual.

São Miguel Arcanjo sempre foi conhecido por ser um poderoso intercessor contra o mal, especialmente pelo que relata o livro do Apocalipse: **"Houve uma batalha no céu. Miguel e seus anjos tiveram de combater o Dragão. O Dragão e seus anjos travaram combate, mas não prevaleceram. E já não houve lugar no céu para eles. Foi então precipitado o grande Dragão, a primitiva Serpente, chamado Demônio e Satanás, o sedutor do mundo inteiro. Foi precipitado na terra, e com ele os seus anjos" (Ap12,7-9).**

Com base nesse episódio das Escrituras, São Miguel é retratado na arte empurrando uma lança ou uma espada contra Satanás, que é representado como uma serpente ou um dragão.

Desde a criação, a Oração de São Miguel se tornou muito importante para os católicos. É também recomendada pelos exorcistas a quem precisa combater a presença do mal na vida.

DEUS NOS ENVIOU SÃO MIGUEL ARCANJO PARA QUE DERROTASSE SATANÁS

Para os cristãos, o Arcanjo São Miguel é considerado como o mais poderoso defensor do povo de Deus e nosso aliado na luta diária contra as forças do mal. O Arcanjo, além de ser invocado como protetor aqui na terra, é também o guia das almas dos mortos até o Céu. A São Miguel atribui-se ainda a missão de pesar as almas, após a morte.

Por isso, em algumas das representações iconográficas, além da espada, o Arcanjo traz na mão uma balança. A ele são dedicados capelas e cemitérios. O culto ao Arcanjo Miguel é de origem oriental. O imperador Constantino, a partir de 313 d.C., dedicou-lhe uma particular devoção, construindo-lhe um imponente Santuário em Constantinopla (hoje, Istambul, na Turquia).

No fim do século V, o culto difundiu-se rapidamente em toda a Europa, após a aparição do Arcanjo no monte Gargano, sul da Itália. Outro lugar de veneração de São Miguel é na Normandia, França.

A APARIÇÃO DE SÃO MIGUEL NO MONTE GARGANO

Uma das aparições mais famosas é a do monte Gargano, na Itália, onde um pastor que apascentava uma manada de vacas, querendo obrigar um novilho a sair de uma caverna, lançou para dentro dela uma flecha, a qual retrocedeu com a mesma velocidade, vindo ferir o pastor.

Este fato causou muita admiração nos que presenciaram o acontecimento e a notícia chegou aos ouvidos do Bispo. Julgou ele tratar de um sinal do céu, ordenou um jejum de três dias em toda a diocese, pedindo ao Senhor que lhe revelasse o que seria aquele sinal. Passados os três dias, apareceu-lhe o Arcanjo São Miguel, declarando que o Senhor queria que a ele, Anjo tutelar da Igreja, e outros anjos se edificasse naquela caverna uma Igreja em honra dele, para reavivar a fé e a devoção dos fiéis no amor e proteção do Arcanjo.

O Bispo comunicou ao povo a visão que tivera e ele próprio, junto com muitas pessoas, foi ver o local. Encontraram uma caverna espaçosa em forma de templo, cavada na rocha, com uma fenda natural no teto, da qual jorrava a luz que a iluminava. Nada mais era preciso que pôr um altar para celebrar a Santa Missa. Levantado o altar, o Bispo o consagrou e a festa durou vários dias.

E nunca mais, até hoje, se deixou de celebrar ali a Santa Missa e outros ofícios litúrgicos, e Deus consagra este lugar através dos séculos, com graças e milagres de toda espécie, em favor dos que lá acorrem, doentes do corpo e da alma, mostrando quanto Lhe é grata a devoção em honra de São Miguel.

O Monte Gargano, local desse Santuário, fica perto do Convento de Nossa Senhora das Graças, onde viveu e morreu o Santo Padre Pio.

4.

A Origem Histórica da Quaresma de São Miguel

Uma tradição franciscana, a Quaresma a São Miguel Arcanjo é um tempo especial de oração e penitência. Tem início, com a Festa da Assunção de Nossa Senhora em 15 de agosto e termina no dia 28 de setembro, véspera da festa em honra aos Santos Arcanjos Miguel, Gabriel e Rafael.

São Francisco foi um santo que, na vida mortal, procurava nutrir muito a alma para não esfriar o amor por Jesus, com um espírito de oração e sacrifício muito grande.

Para tanto, ele realizava por ano três quaresmas, além de outro período de jejum e oração em honra da Mãe de Deus, pela qual tinha um doce e especial amor, que ia da festa de São Pedro e São Paulo Apóstolos à festa da Assunção de Nossa Senhora. Foi de um modo muito especial que, na Quaresma de São Miguel Arcanjo, Deus coroou Francisco de graças abundantes, dentre elas a de marcá-lo no próprio corpo, pelo profundo desejo de imitar ao Filho Jesus Cristo, com os sinais da Paixão. Todas essas quaresmas eram realizadas no Monte Alverne (Alverne: "*verna*" vem de "*vernare*", verbo utilizado por Dante e que significa "fazer frio"; gelar).

São Boaventura diz na Legenda Maior, no capítulo 9, parágrafo 3 dos escritos biográficos de São Francisco: **"um vínculo de amor indissolúvel unia-o aos anjos cujo maravilhoso ardor o punha em êxtase diante de Deus e inflamava as almas dos eleitos".** Por devoção aos anjos, celebrava uma quaresma de jejuns e orações durante os quarenta dias que seguem a Assunção da Santíssima Virgem Maria.

São Miguel, sobretudo, a quem cabe o papel de introduzir as almas no Paraíso, era objetivo de uma devoção especial, em razão do desejo que tinha o santo de salvar a todos os homens. Era do conhecimento de Francisco a autoridade e o auxílio que o Arcanjo Miguel tem em exercício das almas, em salvá-las no último instante da vida e o poder de ir ao purgatório retirá-las de lá.

Esse era o principal motivo pelo qual Francisco realizava a quaresma e isso nos é relatado na legenda Terusiana no número 93 da biografia dele, na qual o santo vai dizer no ano de 1224 — ano em que recebeu os estigmas — ao avistar o Monte Alverne, em visita ao eremitério: **"Para honra de Deus, da bem-aventurada Virgem Maria e de São Miguel, Príncipe dos Anjos e das almas, quero fazer aqui uma quaresma".**

É neste mesmo ano que ele realizou a 1ª quaresma em honra de São Miguel Arcanjo. Ainda em 1224, estando Francisco a rezar no Monte Alverne, relata a Legenda Menor da biografia dele. Na primeira quaresma em honra do glorioso Arcanjo Miguel, sentiu ele com maior abundância do que nunca, a suavidade de contemplação Celeste, o andor dos desejos sobrenaturais, a profusão das graças divinas transportado até Deus num fogo de amor seráfico, e transformado pelos arroubos de uma profunda compaixão naquele que, nos extremos de amor, quis ser crucificado.

Orava certa manhã numa das partes do monte. Aproximava a festa da Exaltação da Santa Cruz, quando ele viu descer do alto do Céu um Serafim de seis asas flamejantes, o qual, num rápido voo, chegou perto do lugar onde estava o homem de Deus.

O personagem apareceu-lhe não apenas munido de asas, mas também crucificado, mãos e pés estendidos e atados a uma cruz. Duas asas elevavam-se por cima da cabeça, duas outras estavam abertas para o voo, as duas últimas cobriam-lhe o corpo.

Tal aparição deixou Francisco mergulhado num profundo êxtase, enquanto na alma se mesclava a tristeza e a alegria: uma alegria transbordante ao contemplar a Cristo que se lhe manifestava de uma maneira tão milagrosa e familiar, mas ao mesmo tempo uma dor imensa, pois a visão da cruz transpassava a alma com uma espada de dor e de compaixão.

Aquele que assim externamente aparecia, o iluminava também internamente. Francisco compreendeu então que os sofrimentos da Paixão de modo algum podem atingir um Serafim que é um espírito imortal. Mas essa visão lhe fora concedida para ensinar que não era o martírio do corpo, mas o amor que o incendiou a alma, que deveria transformá-lo, tornando-o semelhante a Jesus Crucificado. Após uma conversação familiar, que nunca foi revelada aos outros, desapareceu aquela visão, deixando-lhe o coração inflamado de um ardor seráfico e imprimindo-lhe na carne a semelhança externa com o crucificado, como a marca de um sinete na cera que o calor do fogo fez derreter.

Logo começaram, com efeito, a aparecer nas mãos e nos pés as marcas dos cravos. Quando o verdadeiro Amor transformou o amigo de Cristo na semelhança d'Aquele que ele amava, terminado os quarenta dias previstos no monte e na solidão, chegou a festa de São Miguel; e Francisco, homem evangélico, desceu do Monte, trazendo a imagem do crucificado, não esculpida em tábuas de pedra ou de madeira pela mão de algum artifício, mas reproduzida na própria carne pelo dedo do Deus Vivo.

Francisco, para não se igualar a Jesus que ficou 40 dias e 40 noites em jejum total, come ao final desses dias um pedaço de pão e bebe água, pois se achava indigno de se igualar a Jesus.

5.

Orações aos Santos Anjos

LADAINHA DOS SANTOS ANJOS

Senhor, tende piedade de nós.
Cristo, tende piedade de nós.
Senhor, tende piedade de nós.

Jesus Cristo, ouvi-nos.
Jesus Cristo, atendei-nos.

Deus Pai, Criador dos Anjos, tende piedade de nós.
Deus Filho, Senhor dos Anjos, tende piedade de nós.
Deus Espírito Santo, vida dos Anjos, tende piedade de nós.

Santíssima Trindade, alegria de todos os Anjos, tende piedade de nós.

Santa Maria, rogai por nós.
Rainha dos Anjos, rogai por nós.

Todos os Coros dos Espíritos Celestes, rogai por nós.
Santos Serafins, Anjos do Amor, rogai por nós.
Santos Querubins, Anjos do Verbo, rogai por nós.
Santos Tronos, Anjos da Vida, rogai por nós.
Santos Anjos da Adoração, rogai por nós.
Santas Dominações, rogai por nós.
Santas Virtudes, rogai por nós.
Santas Potestades, rogai por nós.
Santos Principados, rogai por nós.
Santos Arcanjos, rogai por nós.
Santos Anjos, rogai por nós.
São Miguel Arcanjo, rogai por nós.
Vencedor de Lúcifer, rogai por nós.
Anjo da fé e da humildade, rogai por nós.
Anjo da Unção dos Enfermos, rogai por nós.
Anjo dos moribundos, rogai por nós.
Príncipe dos Exércitos Celestes, rogai por nós.
Companheiro das almas do Purgatório, rogai por nós.
São Gabriel Arcanjo, rogai por nós.
Anjo da Encarnação, rogai por nós.
Mensageiro fiel de Deus, rogai por nós.

Anjo da esperança e da paz, rogai por nós.
Protetor de todos os servos e servas de Deus, rogai por nós.
Guarda do Santo Batismo, rogai por nós.
Patrono dos sacerdotes, rogai por nós.
São Rafael Arcanjo, rogai por nós.
Anjo do Divino Amor, rogai por nós.
Dominador do Espírito, rogai por nós.
Anjo da cura e do alívio na dor, rogai por nós.
Auxiliador nos casos de necessidade, rogai por nós.
Patrono dos médicos, viajantes e peregrinos, rogai por nós.
Todos os Santos Arcanjos, rogai por nós.
Anjos do serviço perante o trono de Deus, rogai por nós.
Anjos do serviço prestado à humanidade, rogai por nós.
Santos Anjos da Guarda, rogai por nós.
Auxiliadores em nossas necessidades, rogai por nós.
Luz em nossas trevas, rogai por nós.
Amparo em todos os perigos, rogai por nós.
Admoestadores de nossas consciências, rogai por nós.
Intercessores perante o trono de Deus, rogai por nós.
Defensores contra o inimigo, rogai por nós.
Nossos guias seguros, rogai por nós.
Nossos mais fiéis amigos, rogai por nós.
Nossos prudentes conselheiros, rogai por nós.
Nossos modelos de obediência, rogai por nós.
Consolação no abandono, rogai por nós.
Espelho de humildade e pureza, rogai por nós.

Anjos das nossas famílias, rogai por nós.
Anjos dos nossos sacerdotes e curas de almas, rogai por nós.
Anjos das nossas crianças, rogai por nós.
Anjos da nossa terra e da nossa pátria, rogai por nós.
Anjos da Santa Igreja, rogai por nós.
Todos os Santos Anjos, rogai por nós.

Oremos

Concedei-nos, Senhor, o auxílio dos Vossos Anjos e Exércitos Celestes, a fim de que, por eles, sejamos preservados dos ataques de Satanás, e, pelo Precioso Sangue de Nosso Senhor Jesus Cristo e pela intercessão da Santíssima Virgem Maria, Rainha dos Anjos, libertos de todos os perigos, possamos servir-Vos em paz para sempre. Por Nosso Senhor Jesus Cristo, Vosso Filho que é Deus convosco na unidade do Espírito Santo. Amém.

SÚPLICA ARDENTE AOS SANTOS ANJOS

Deus Uno e Trino, Onipotente e Eterno! Antes de recorrermos aos Vossos servos, os Santos Anjos, prostramo-nos na Vossa presença e Vos adoramos: Pai, Filho e Espírito Santo.

— Bendito e louvado sejais por toda a eternidade!
Deus Santo, Deus Forte, Deus Imortal, que tudo quanto por Vós foi criado Vos adore, Vos ame e permaneça no Vosso serviço! E Vós, Maria, Rainha de todos os Anjos, aceitai benignamente as súplicas que dirigimos aos Vossos servos, apresentai-as ao Altíssimo — Vós que sois medianeira de todas as graças e a onipotência suplicante — a fim de obtermos graças, salvação e auxílio.

Amém.

Sacratíssimo Coração de Jesus, guardai e defendei a minha alma e as almas da minha família!
Sacratíssimo Coração de Jesus, guardai e defendei a minha alma e as almas da minha família!
Sacratíssimo Coração de Jesus, guardai e defendei a minha alma e as almas da minha família!

Poderosos Santos Anjos, que por Deus nos fostes concedidos para nossa proteção e auxílio, em nome da Santíssima Trindade nós vos suplicamos:
— Vinde depressa, socorrei-nos!

Nós vos suplicamos em nome do Preciosíssimo Sangue de Nosso Senhor Jesus Cristo:
— Vinde depressa, socorrei-nos!
Nós vos suplicamos pelo poderosíssimo Nome de Jesus:

— Vinde depressa, socorrei-nos!

Nós vos suplicamos por todas as Chagas de Nosso Senhor Jesus Cristo:
— Vinde depressa, socorrei-nos!

Nós vos suplicamos por todos os martírios de Nosso Senhor Jesus Cristo:
— Vinde depressa, socorrei-nos!

Nós vos suplicamos pela Palavra Santa de Deus:
— Vinde depressa, socorrei-nos!

Nós vos suplicamos pelo Coração de Nosso Senhor Jesus Cristo:
— Vinde depressa, socorrei-nos!

Nós vos suplicamos em nome do amor que Deus tem por nós, pobres:
— Vinde depressa, socorrei-nos!

Nós vos suplicamos em nome da fidelidade de Deus por nós, pobres:
— Vinde depressa, socorrei-nos!

Nós vos suplicamos em nome da misericórdia de Deus por nós, pobres:

— Vinde depressa, socorrei-nos!

Nós vos suplicamos em nome de Maria, Mãe de Deus e nossa Mãe:
— Vinde depressa, socorrei-nos!

Nós vos suplicamos em nome de Maria Rainha do Céu e da Terra:
— Vinde depressa, socorrei-nos!

Nós vos suplicamos em nome de Maria, vossa Rainha e Senhora:
— Vinde depressa, socorrei-nos!

Nós vos suplicamos pela vossa própria bem-aventurança:
— Vinde depressa, socorrei-nos!

Nós vos suplicamos pela vossa própria fidelidade:
— Vinde depressa, socorrei-nos!

Nós vos suplicamos pela vossa luta na defesa do Reino de Deus:
— Vinde depressa, socorrei-nos!

Nós vos suplicamos:
— Protegei-nos com o vosso escudo!
Nós vos suplicamos:

— Iluminai-nos com a vossa luz!

Nós vos suplicamos:
— Salvai-nos sob o manto protetor de Maria!

Nós vos suplicamos:
— Guardai-nos no coração de Maria!

Nós vos suplicamos:
— Confiai-nos às mãos de Maria!

Nós vos suplicamos:
— Mostrai-nos o caminho que conduz à porta da vida: o Coração aberto de Nosso Senhor!

Nós vos suplicamos:
— Guiai-nos com segurança à casa do Pai Celestial!

Todos vós, nove coros dos espíritos bem-aventurados:
— Vinde depressa, socorrei-nos!

Anjos da vida:
— Vinde depressa, socorrei-nos!

Anjos do Verbo de Deus:
— Vinde depressa, socorrei-nos!

Anjos do amor:
— Vinde depressa, socorrei-nos!

Nossos companheiros especiais e enviados por Deus:
— Vinde depressa, socorrei-nos!

Insistentemente vos suplicamos:
— Vinde depressa, socorrei-nos!

Porque o Sangue Preciosíssimo de Nosso Senhor e Rei clama que venhais em auxílio a nós, pobres:
— Insistentemente suplicamos: vinde depressa, socorrei-nos!

Porque o Coração de Nosso Senhor e Rei clama que venhais em auxílio a nós, pobres:
— Insistentemente suplicamos: vinde depressa, socorrei-nos!

Porque o Coração Imaculado de Maria, Virgem Puríssima e Vossa Rainha, clama que venhais em auxílio a nós, pobres;
— Insistentemente suplicamos: vinde depressa, socorrei-nos!

São Miguel Arcanjo:

Vós, Príncipe dos Exércitos Celestes, vencedor do dragão infernal, recebestes de Deus força e poder para aniquilar, pela humanidade, a soberba do príncipe das trevas. Insistentemente vos suplicamos que nos alcanceis de Deus a verdadeira humildade de coração, uma fidelidade inabalável no cumprimento contínuo da vontade de Deus e uma grande fortaleza no sofrimento e na penúria. Ao comparecermos perante o tribunal de Deus socorrei-nos para que não desfaleçamos!

São Gabriel Arcanjo:

Vós, Anjo da Encarnação, mensageiro fiel de Deus, abri os nossos ouvidos para que possam captar até as mais suaves sugestões e apelos de graça emanados do Coração amabilíssimo de Nosso Senhor. Nós vos pedimos que fiqueis sempre junto de nós para que, compreendendo bem a Palavra de Deus e Suas inspirações, saibamos obedecer-lhe, cumprindo docilmente aquilo que Deus quer de nós. Fazei que estejamos sempre disponíveis e vigilantes. Que o Senhor, quando vier, não nos encontre dormindo!

São Rafael Arcanjo:

Vós que sois lança e bálsamo do amor divino, feri o nosso coração e depositai nele um amor ardente a Deus. Que a ferida não se apague nele para que nos faça perseverar todos os dias no caminho da caridade e do amor. Que tudo vençamos pelo amor!

Anjos poderosos:

E nossos irmãos santos que servis diante do Trono de Deus, vinde em nosso auxílio! Defendei-nos de nós próprios, da nossa covardia e tibieza, do nosso egoísmo e ambição, da nossa inveja e falta de confiança, da nossa avidez na busca da abundância, do bem-estar e da estima pública!

Desatai em nós as algemas do pecado e do apego às coisas terrenas. Tirai dos nossos olhos as vendas que nós mesmos lhes pusemos e que nos impedem de ver as necessidades do nosso próximo e a miséria do nosso ambiente porque nos fechamos numa mórbida complacência de nós mesmos!
Cravai no nosso coração o aguilhão da santa ansiedade por Deus para que não cessemos de procurá-lo com ardor, contrição e amor!

Contemplai em nós o Sangue do Senhor, derramado por nossa causa!

Contemplai em nós as lágrimas de Vossa Rainha, choradas por nossa causa!

Contemplai em nós a pobre, desbotada e arruinada imagem de Deus, comparando-a com a imagem íntegra que Deus, no princípio, por amor, imprimiu na nossa alma! Auxiliai-nos na luta contra o poder das trevas que, disfarçadamente, nos envolve e aflige! Auxiliai-nos para que nenhum de nós se perca, permitindo assim que um dia nos reunamos todos, jubilosamente, na eterna bem-aventurança!

Amém.

São Miguel, assisti-nos com vossos Santos Anjos:
— **Ajudai-nos e rogai por nós!**

São Rafael, assisti-os com vossos Santos Anjos:
— **Ajudai-nos e rogai por nós!**

São Gabriel, assisti-nos com vossos Santos Anjos:
— **Ajudai-nos e rogai por nós.**

Amém.

ORAÇÃO DE PROTEÇÃO DIÁRIA COM OS SANTOS ANJOS

Espíritos bem-amados, Santos Anjos de Deus, Vós a quem O Pai, em sua infinita bondade e misericórdia, permite velar pelos homens, sejam a minha proteção no dia de hoje, e em todas as realidades da minha vida.

Em minha casa, com meus familiares, em meus estudos, em meus projetos, sonhos e trabalhos. Sejam meus protetores nas provações e dificuldades da minha vida terrestre. Dai-me a força, a coragem e a resignação. O amor a Nosso Senhor Jesus Cristo e a Sua Mãe Santíssima, a São José seu castíssimo esposo e a toda corte celeste, os anjos e santos. Inspirai-me tudo o que é bom e defendei-me da inclinação para o mal.

Que vossa doce ternura e piedade penetre minha alma.

Fazei com que eu sinta vossa presença junto a mim e aos meus.

Que eu vos sinta junto a mim, nas minhas realidades mais desafiadoras.

E vós, meus amigos no Céu, não me abandoneis.
Tenho a necessidade de toda a vossa proteção para suportar com fé e amor as provas que aprouver a Deus me enviar.

Que todo meu dia seja um hino de louvor a Santíssima Trindade e um oferecimento sincero de gratidão por tudo que recebemos do Céu, sejam alegrias ou sofrimentos, fazei-me forte e santo.

Amém.

ORAÇÃO DE COMBATE COM SÃO MIGUEL ARCANJO

São Miguel Arcanjo,
Gloriosíssimo Príncipe dos Exércitos Celestes,
São Miguel Arcanjo,
defendei-nos no combate
contra os principados e as potestades,
contra os chefes deste mundo de trevas,
contra os espíritos malignos
espalhados pelos ares.

Vinde em auxílio
dos homens que Deus fez
à sua imagem e semelhança,
e resgatou com grande preço
da tirania do Demônio.

É a vós que a Santa Igreja venera
como seu guardião e patrono,
vós a quem o Senhor confiou as almas resgatadas
para as introduzir na felicidade celeste.

Suplicai, pois, ao Deus da Paz,
que esmague Satanás sob os nossos pés
a fim de lhe tirar o poder para prejudicar a Igreja.

Apresentai ao Altíssimo as nossas orações
para que depressa desçam sobre nós
as misericórdias do Senhor.
E sujeitai a antiga serpente
— que não é outro senão o Diabo ou Satanás —
para o precipitar encadeado nos Abismos,
de modo que não possa,
nunca mais, seduzir as nações.

Nem a mim, nem aos meus familiares, nem a coisas que amo ou possuo.

Amém.

ORAÇÃO DE BATALHA DE SÃO MIGUEL ARCANJO CONTRA OS PODERES INFERNAIS

Ó glorioso Arcanjo São Miguel,
Príncipe da milícia celeste,
sede nossa defesa na terrível luta
que travamos agora contra os poderes do mundo e das trevas.

Vinde em nosso auxílio, no auxílio de nossa casa, e de todos aqueles que se sentem fracos e oprimidos, pelo poder e tirania de satanás e seus demônios.
Luta neste dia na batalha do Senhor,
junto aos Santos Anjos,
como uma vez lutastes e vencestes o dragão infernal, a antiga e sorrateira serpente, o líder dos anjos orgulhosos, Lúcifer, e seus seguidores,
que perderam a batalha e seu lugar no Céu.

Essa serpente antiga e cruel que seduz ao mundo
foi lançada ao abismo junto com seus anjos.
Mas agora este inimigo e destruidor dos homens volta a atacar.

Por meio, das mentiras e enganos, das ilusões, dos vícios e seduções,
Transformando-se, de modo subliminar e perverso, em anjo de luz, com o intuito de nos atacar, enganar e destruir, invadindo a terra com uma multidão de espíritos malignos, para tratar de apagar dela o Nome de Deus e de Cristo, bem como, de sua fiel esposa, a Santa madre Igreja, para apoderar-se da glória eterna.

Esse malvado dragão derrama a mais impura torrente de seu veneno de maldade sobre os homens de mente depravada e coração corrupto, o espírito da mentira, da impiedade, da blasfêmia, do escárnio,
e iniquidade.

Nós te veneramos como protetor
contra os poderes malignos do inferno;
a Vós tem confiado Deus, as almas dos homens, que precisam ser santos.

Orai ao Deus da paz
para que ponha Satanás sob vossos pés,
tão derrotado que já não possa voltar
a cativar aos homens nem a fazer dano à Igreja.

Oferece nossas orações ao Deus Altíssimo, único e verdadeiro Deus,

para conseguir com elas a misericórdia do Senhor;
e derrotando o dragão infernal, a serpente antiga,
encerrai-o, de uma vez por todas no abismo,
para que não seduza nunca mais os seus filhos e filhas.

Amém.

Eis a Cruz do Senhor;
fugi partes adversárias.
O Leão da tribo de Judá,
A raiz de Davi venceu, aleluia, aleluia (3x)

Tem misericórdia de nós, Senhor.
Porque em Vós confiamos.
Escutai Ó Senhor, a minha oração,
E chegue até vós, o meu clamor.

Oremos:

Ó Deus, Pai de Nosso Senhor Jesus Cristo, chamando vosso Santo Nome imploramos vossa clemência, para que pela intercessão de Maria, Sempre Virgem Imaculada e Mãe nossa, e do Glorioso Arcanjo São Miguel, nos ajude na luta contra Satanás e todos os outros espíritos impuros que andam pelo mundo para ferir a raça humana e causar a ruína das almas. Amém.

São Miguel Arcanjo, defendei-nos no combate,
para que não pereçamos no dia do juízo.

São Miguel Arcanjo,
primeiro defensor do Reinado de Cristo,
rogai por nós.

Amém.

TRÍDUO DE CURA E LIBERTAÇÃO COM SÃO MIGUEL ARCANJO

V. Vinde ó Deus, em meu auxílio.
R. Senhor, socorrei-nos e salvai-nos.

Glória ao Pai e ao Filho e ao Espírito Santo.
Como era no princípio, agora e sempre. Amém.

Primeiro Dia

São Miguel,
vós que defendeste a honra do Senhor
empunhando o estandarte divino
e exclamando:
"Quem é como Deus"?
alcançai-nos o zelo ardente,

a fé inabalável, a caridade divina, para que saibamos como
vós combater todos os males
e conquistar a salvação.

Amém.

1 Pai-Nosso, 10 Ave-Marias, 3 Glórias ao Pai.

Segundo Dia

São Miguel,
vós a quem o Senhor confiou
a guarda da Igreja,
dignai-vos ouvir nossas preces em seu favor.
Guardai-a do espírito de soberba de seus filhos,
das falsas doutrinas, dos malefícios, bruxarias, feitiços e amarrações, do desamor ao seu chefe visível.
Reuni as ovelhas desgarradas, os filhos e filhas que estão afastados da Igreja e da sã doutrina, e apressai a hora da unidade de todos seus filhos.

Amém

1 Pai-Nosso, 10 Ave-Marias, 3 Glórias ao Pai.

Terceiro Dia

São Miguel,
compadecei-vos de nós,
que estamos vivendo em meio de tantos perigos e assaltos do mal.
Ajudai-nos nos combates, nas lutas e desilusões, nos sofrimentos e provações desta vida. Age com poder nas realidades espirituais, materiais e psicológicas das nossas vidas. Livrai-nos do inferno, e dai-nos a graça, de que um dia possamos viver, nós e nossa casa, a bem-aventurança eterna no Céu.

1 Pai-Nosso, 10 Ave-Marias, 3 Glórias ao Pai.

ORAÇÃO DE CURA A SÃO RAFAEL ARCANJO

Ó, bondoso São Rafael Arcanjo, eu te invoco como patrono daqueles que foram atingidos pela doença ou enfermidade corporal.

Tu preparaste o remédio que curou a cegueira de Tobias e seu nome significa "O Senhor Cura".

Dirijo-me a ti, implorando teu auxílio divino em minha necessidade atual, a minha cura:

(Fazer o pedido de cura da sua doença espiritual, física ou psicológica)

Se for da vontade de Deus, cura minha enfermidade ou, pelo menos, concede-me a graça e a força de que necessito para poder suportá-la com paciência, oferecendo-a pelo perdão dos meus pecados e pela salvação de minha alma.

Ensina-me a unir meus sofrimentos com os de Jesus e Maria e a buscar a graça de Deus na oração e na comunhão.

Quero imitar-te em tua ânsia de fazer a vontade de Deus em todas as coisas.

Como o jovem Tobias, eu te escolho como meu companheiro em minha viagem através deste vale de lágrimas. Quero seguir tuas inspirações em cada passo do caminho, para que eu possa chegar ao fim da minha viagem sob a tua proteção constante e na graça de Deus.

Arcanjo São Rafael Bendito, tu que te revelaste a ti mesmo como o assistente divino do Trono de Deus, venha à minha vida e ajuda-me neste momento de prova.

Conceda-me a graça e a bênção de Deus e o favor que te peço por tua poderosa intercessão.

Grande Médico de Deus cura-me como fizeste com Tobias, se esta for a vontade do Criador.

São Rafael, Recurso de Deus, Anjo da Saúde, Medicina de Deus, roga por mim.

Amém.

ORAÇÃO DO PAPA FRANCISCO AOS ARCANJOS

Miguel, ajude-nos na luta;
cada um sabe qual luta tem em sua vida hoje.
Cada um de nós conhece a luta principal,
que faz arriscar a salvação. Ajude-nos.
Gabriel, traga-nos notícias,
traga-nos a Boa Notícia da Salvação,
que Jesus está conosco,
que Jesus nos salvou e nos dê esperança.
Rafael, segure a nossa mão
e nos ajude no caminho para não errarmos a estrada,
para não permanecermos parados.
Sempre caminhando, mas ajudados por você.

ORAÇÃO AO ANJO DA GUARDA

Santo Anjo da Guarda, sublime mensageiro da providência divina, a ti elevo minha oração, com o coração cheio de profunda gratidão e veneração. Desde o primeiro instante de minha existência, fostes designado pela infinita bondade do Criador para ser meu escudo e meu guia, iluminando esta minha trajetória terrena com o brilho da sabedoria eterna.

Com espírito humilde, reconheço tua vigilância constante e expresso aqui minha sincera gratidão por tua presença e salvaguarda, que me desvia do mal, orienta minha conduta para o bem e me ilumina nos momentos de incerteza. Ó venerável Anjo, cujos olhos perpetuamente vislumbram a face do Pai celestial e cujas ações são a perfeita manifestação de suas santas vontades, inspirai-me a atender ao sussurro divino que, através de tua voz, orienta meu coração para os desígnios do Altíssimo.

Suplico que a tua intercessão seja a fortaleza de minha fé, a âncora de minha esperança e o alicerce de minha caridade. Debaixo de vossa proteção, que eu possa me inclinar para a virtude e santidade, atento às vossas divinas inspirações e guiado em cada escolha pela luz do Senhor.

Celeste Protetor, suplico que tua presença seja fortaleza contra as tentações, animando meu espírito ante as artimanhas do adversário e mantendo-me íntegro na fé. Concedei-me a valentia para enfrentar as tribulações desta vida, ciente de que, sob a tua guarda, nenhum dano verdadeiro poderá me alcançar.

Neste percurso terreno, repleto de desafios e provações, que tu sejas minha inabalável defesa, meu alento nas penas, meu farol na escuridão. Inspirai-me a agir com retidão e compaixão, fazendo de minha existência um reflexo do amor divino por todas as criaturas.

Guiai-me pelo caminho da redenção até que, pela infinita misericórdia do Senhor, possamos juntos exultar de alegria na bem-aventurança celestial. Acompanhai-me a cada instante, defendendo-me, orientando-me e intercedendo por mim, até que eu possa, pela graça divina, gozar da felicidade eterna na morada do Pai.

Assim seja.

TERÇO DA VIRGEM PODEROSA

Início:

- Credo
- Pai-Nosso
- 3 Ave-Marias

Mistérios:

1º Mistério: Contemplamos como Jesus nos deu um brilhante exemplo na luta contra Satanás e seu reino.

2º Mistério: Contemplamos como Jesus venceu a morte e o inferno pela Sua paixão e morte na cruz.

3º Mistério: Contemplamos a Cruz de Cristo que se tornou um sinal de terror para Satanás.

4º Mistério: Contemplamos como Jesus deu à Virgem Maria o poder de esmagar a cabeça de Satanás.

5º Mistério: Contemplamos como Jesus deu à Virgem Maria poder sobre Satanás eternamente.

No lugar do Glória:

"A Cruz Sagrada seja a minha luz, não seja o dragão o meu guia. Retira-te, satanás! Nunca me aconselhes coisas vãs. É mau o que tu me ofereces, bebe tu mesmo os teus venenos!"

Nas contas grandes:

"Minha alma glorifica ao Senhor, meu espírito exulta de alegria em Deus, meu Salvador, porque olhou para sua pobre serva. Por isto, desde agora, me proclamarão bem-aventurada todas as gerações, porque realizou em mim maravilhas aquele que é poderoso e cujo nome é Santo. Sua misericórdia se estende, de geração em geração, sobre os que o temem. Manifestou o poder do seu braço: desconcertou os corações dos soberbos. Derrubou do trono os poderosos e exaltou os humildes. Saciou de bens os indigentes e despediu de mãos vazias os ricos. Acolheu a Israel, seu servo, lembrado da sua misericórdia, conforme prometera a nossos pais, em favor de Abraão e sua posteridade, para sempre." (Lc 1,46b-55)

Nas contas pequenas:

Ave Maria, Virgem Poderosa, Imaculada Conceição, Rainha das Vitórias, que as Vossas lágrimas de sangue destruam as forças do Inferno. Assim seja.

Jaculatória:

"Levanta-se Deus, pela intercessão da Bem-Aventurada e

sempre Virgem Maria, de São Miguel Arcanjo e de toda a Milícia Celeste. Que sejam dispersos Seus inimigos, e fujam de Sua Face todos os que O odeiam. Em nome do Pai, e do Filho e do Espírito Santo. Amém."

Final:

Salve-Rainha

TERÇO CONTRA OS PODERES INFERNAIS

Iniciar rezando:

- Credo
- Glória ao Pai
- 3 Ave-Marias
- Glória ao Pai

Na PRIMEIRA DEZENA contemplamos como Jesus nos deu um exemplo brilhante na luta contra Satanás e seu reino.

- Pai-Nosso
- 10 Ave-Marias
- Glória ao Pai

Exorcismo

"Levante-se Deus, pela intercessão da Bem-Aventurada e sempre Virgem Maria, de São Miguel Arcanjo e de todas as Milícias Celestes. Que sejam dispersos Seus inimigos e fujam de Sua face todos os que O odeiam. Em nome do Pai, e do Filho e do Espírito Santo. Amém."

Na SEGUNDA DEZENA contemplamos como Jesus venceu a morte e o inferno pela Sua paixão e morte na Cruz.

- Pai-Nosso
- 10 Ave-Marias
- Glória ao Pai

Exorcismo

"Levante-se Deus, pela intercessão da Bem-Aventurada e sempre Virgem Maria, de São Miguel Arcanjo e de todas as Milícias Celestes. Que sejam dispersos Seus inimigos e fujam de Sua face todos os que O odeiam. Em nome do Pai, e do Filho e do Espírito Santo. Amém."

Na TERCEIRA DEZENA contemplamos a Cruz de Cristo, que se tornou um sinal de terror para Satanás.

- Pai-Nosso

- 10 Ave-Marias
- Glória ao Pai

Exorcismo

"Levante-se Deus, pela intercessão da Bem-Aventurada e sempre Virgem Maria, de São Miguel Arcanjo e de todas as Milícias Celestes. Que sejam dispersos Seus inimigos e fujam de Sua face todos os que O odeiam. Em nome do Pai, e do Filho e do Espírito Santo. Amém."

Na QUARTA DEZENA contemplamos como Jesus deu à Virgem Maria a força de esmagar a cabeça da serpente infernal.

- Pai-Nosso
- 10 Ave-Marias
- Glória ao Pai

Exorcismo

"Levante-se Deus, pela intercessão da Bem-Aventurada e sempre Virgem Maria, de São Miguel Arcanjo e de todas as Milícias Celestes. Que sejam dispersos Seus inimigos e fujam de Sua face todos os que O odeiam. Em nome do Pai, e do Filho e do Espírito Santo. Amém."

Na QUINTA DEZENA contemplamos como Jesus deu à Virgem Maria o poder sobre Satanás sobre todos os tempos.

- Pai-Nosso
- 10 Ave-Marias
- Glória ao Pai

Exorcismo

"Levante-se Deus, pela intercessão da Bem-Aventurada e sempre Virgem Maria, de São Miguel Arcanjo e de todas as Milícias Celestes. Que sejam dispersos Seus inimigos e fujam de Sua face todos os que O odeiam. Em nome do Pai, e do Filho e do Espírito Santo. Amém."

COROA ANGÉLICA DE SÃO MIGUEL ARCANJO

A devoção da Coroa Angélica de São Miguel foi ensinada pelo próprio Arcanjo durante uma aparição a Antônia de Astônaco, em Portugal, e passada em seguida para muitos outros países. Aprovada por Bispos, foi confirmada pelo Papa Pio IX, que a enriqueceu de indulgências, em 8 de agosto de 1851.

Como rezar:

DEUS, vinde em nosso auxílio.
SENHOR, socorrei-nos e salvai-nos.
Glória ao Pai, ao Filho e ao Espírito Santo,
como era no princípio, agora e sempre.
Amém.

Primeira Saudação

Pela intercessão de São Miguel e do coro celeste dos SERAFINS, fazei-nos, SENHOR, dignos do fogo da perfeita caridade.

Um Pai-Nosso; três Ave-Marias.

Segunda Saudação

Pela intercessão de São Miguel e do coro celeste dos QUERUBINS, pedimos ao SENHOR a graça de trilharmos a estrada da perfeição cristã.

Um Pai-Nosso; três Ave-Marias.

Terceira Saudação

Pela intercessão de São Miguel e do coro celeste dos TRONOS, pedimos ao SENHOR que nos deis o espírito da verdadeira humildade.

Um Pai-Nosso; três Ave-Marias.

Quarta Saudação

Pela intercessão de São Miguel e do coro celeste das DOMINAÇÕES, pedimos ao SENHOR que nos conceda a graça de dominar nossos sentidos, e de nos corrigir das nossas más paixões.

Um Pai-Nosso; três Ave-Marias.

Quinta Saudação

Pela intercessão de São Miguel e do coro celeste das POTESTADES, pedimos ao SENHOR que se digne de proteger nossas almas contra as ciladas e as tentações de satanás e dos demônios. **Um Pai-Nosso; três Ave-Marias.**

Sexta Saudação

Pela intercessão de São Miguel e do coro celeste das VIRTUDES, pedimos ao SENHOR a graça de sermos vencedores no perigoso combate das tentações. **Um Pai-Nosso; três Ave-Marias.**

Sétima Saudação

Pela intercessão de São Miguel e do coro celeste dos PRINCIPADOS, pedimos ao SENHOR que nos dê o espírito de uma verdadeira e sincera obediência a Ele. **Um Pai-Nosso; três Ave-Marias.**

Oitava Saudação

Pela intercessão de São Miguel e do coro celeste de todos os ARCANJOS, pedimos ao SENHOR que nos conceda o dom da perseverança na Fé e nas boas obras, a fim de que possamos chegar a possuir a glória do Paraíso.
Um Pai-Nosso; três Ave-Marias.

Nona Saudação

Pela intercessão de São Miguel e do coro celeste de todos os ANJOS, pedimos ao SENHOR que estes espíritos bem-aventurados nos guardem sempre, principalmente na hora da nossa morte e nos conduzam à glória do Paraíso.
Um Pai-Nosso; três Ave-Marias.

Um Pai-Nosso em honra de São Miguel Arcanjo;
Um Pai-Nosso em honra de São Gabriel;
Um Pai-Nosso em honra de São Rafael;
Um Pai-Nosso em honra do nosso Anjo da Guarda.

Antífona:

Glorioso São Miguel, chefe e príncipe dos exércitos celestes, fiel guardião das almas, vencedor dos espíritos rebeldes, amado da casa de DEUS, nosso admirável guia depois de Cristo; vós, cuja excelência e virtudes são eminentíssimas, dignai-vos livrar-nos de todos os males, a nós todos que recorremos a vós com confiança, e fazei, pela vossa incomparável proteção, que adiantemos, cada dia mais, na fidelidade em servir a DEUS. Amém.

Rogai por nós, ó bem-aventurado São Miguel, príncipe da Igreja de CRISTO, para que sejamos dignos das Suas promessas.

Oração:

DEUS, Todo-Poderoso e Eterno, que, por um prodígio de bondade e misericórdia para a salvação dos homens, escolhestes para príncipe de Vossa Igreja o gloriosíssimo Arcanjo São Miguel, tornai-nos dignos, nós Vo-lo pedimos, de sermos preservados de todos os nossos inimigos, a fim de que, na hora da nossa morte, nenhum deles nos possa inquietar, mas que nos seja dado ser introduzidos por ele na presença da Vossa poderosa e Augusta Majestade, pelos merecimentos de JESUS CRISTO, nosso Senhor. Amém.

ORAÇÃO DA CONSAGRAÇÃO AO PRECIOSÍSSIMO SANGUE DE JESUS

Senhor Jesus Cristo, em Vosso nome e com o poder de Vosso Sangue Precioso, selamos cada pessoa, fato ou acontecimento por meio dos quais o inimigo nos queira prejudicar.

Com o poder do Sangue de Jesus, selamos toda potência destruidora no ar, na terra, na água, no fogo, abaixo da terra, nos abismos do inferno e no mundo do qual hoje nos moveremos.

Com o poder do Sangue de Jesus, rompemos toda interferência e ação do maligno. Nós Vos pedimos, Senhor, que envieis ao nosso lar e local de trabalho a Santíssima Virgem Maria acompanhada de São Miguel, São Gabriel, São Rafael e toda sua corte de santos anjos.

Com o poder do Sangue de Jesus, lacramos nossa casa, todos os que nela habitam **(nomear cada um)**, as pessoas que o Senhor a ela enviará, assim como todos os alimentos e os bens que generosamente nos concede para nosso sustento.

Com o poder do Sangue de Jesus, lacramos terras, portas, janelas, objetos, paredes e pisos, o ar que respiramos, e na fé colocamos um círculo de Seu Sangue ao redor de toda nossa família.

Com o poder do Sangue de Jesus, lacramos os lugares onde vamos estar, neste dia, e as pessoas, empresas e instituições com quem vamos tratar.

Com o poder do Sangue de Jesus, lacramos nosso trabalho material e espiritual, os negócios de nossa família, os veículos, estradas, ares, ruas e qualquer meio de transporte que haveremos de utilizar.

Com Vosso Preciosíssimo Sangue, lacramos atos, mentes e corações de nossa Pátria, a fim de, que Vossa paz e Vosso Coração nela reinem.

Nós Vos agradecemos, Senhor, pelo Vosso Preciosíssimo Sangue, pelo qual nós fomos salvos e preservados de todo mal.

Amém.

6.

40 dias com São Miguel em Ordem de Batalha para Cura e Libertação da nossa Família

Meus queridos filhos(as), vamos viver juntos um caminho de oração, sacrifício e penitência, que acompanhando pela Palavra de Deus, irá nos fortalecer e iluminar, para que, ao final deste itinerário possamos proclamar a vitória de Nosso Senhor sobre todo mal.

Este itinerário foi pensando e discernido para ser realizado em qualquer época do ano, por isso, escolhemos o nome "40 dias com São Miguel Arcanjo" e não, simplesmente "Quaresma de São Miguel", para que todos vocês possam realizar essa campanha de oração em qualquer período do ano em que seu coração, sua casa, as pessoas que você ama, precisarem.

Toda campanha de oração, todo tempo forte de espiritualidade e recolhimento, deve nos levar a uma experiência pessoal e concreta de conversão.

Não podemos nos deixar conduzir pelos modismos e pelos devocionismos, mas precisamos, iluminados pela luz do Espírito Santo, com discernimento, fé e humildade, nos abrir a este bonito apelo de Nosso Senhor, que deseja a nossa salvação.

É Ele, como nos garante a primeira carta de São João (cf. 1 Jo 4,19-21), que tomou a iniciativa de nos amar. Ele é o primeiro interessado na nossa salvação, e na salvação, da nossa família.

Sabemos que os dias são maus e que se intensifica, dia a dia, a grande batalha pela nossa alma e pela nossa casa, por isso, não podemos esmorecer. Não podemos baixar a guarda, nem tão pouco, desistir do nosso grande objetivo e meta: a nossa santificação e o Céu.

Deste modo, não há para nós um outro caminho senão a oração. Ela é a chave que abre todas as portas, ela é o grande segredo, dos homens e mulheres espirituais. Já nos ensinava Santo Afonso Maria de Ligório: **"Quem reza se salva, quem não reza é condenado. Salvar-se sem rezar é dificilíssimo, até mesmo impossível... mas rezando, a salvação é certa e facilíssima. Se não orarmos, não temos desculpas, porque a graça de rezar é dada a todos... se não nos salvarmos, a culpa será toda nossa, porque não teremos rezado."**

Nosso itinerário espiritual, dos 40 dias com São Miguel, será dividido de acordo com a seguinte programação:

Na primeira semana (1° ao 7° Dia): Rezamos pelas nossas famílias e iremos implorar ao Nosso Senhor, por intercessão de São Miguel e todas as milícias celestes. a quebra de todo julgo hereditário que intervém, direta ou indiretamente, em nossas vidas.

Na segunda semana (8° ao 14° Dia): Rezamos pelas nossas famílias e iremos implorar ao Nosso Senhor, por intercessão de São Miguel e todas as milícias celestes, por nossa saúde. Clamaremos pedindo nossa cura total de todas as doenças e enfermidades, sejam elas espirituais, físicas ou psicológicas.

Terceira Semana (15° ao 22° Dia): Rezamos pelas nossas famílias e iremos implorar ao Nosso Senhor, por intercessão de São Miguel e todas as milícias celestes, que sejam abençoados e prósperos todos os nossos negócios, sonhos, projetos, finanças, ou seja, toda nossa realidade material.

Quarta Semana (23° ao 29° Dia): Rezamos pelas nossas famílias e iremos implorar ao Nosso Senhor, por intercessão de São Miguel e todas as milícias celestes, que sejam realizados e convertidos em bênçãos todos os nossos impossíveis. Pois cremos que tudo pode ser mudado, pela força da oração.

Quinta Semana (30° ao 35° Dia): Rezamos pelas nossas famílias e iremos implorar ao Nosso Senhor, por intercessão de São Miguel e todas as milícias celestes, para que no poder do Sangue de Jesus, possamos combater todas as forças do mal. Sejam quebradas e desautorizadas de nossa vida, de nossa casa, de nossa família todas as maldições, os votos secretos, os malefícios, a inveja, a fofoca, e tudo que nos afasta, por meio, da maldade, do projeto de Deus.

Sexta Semana (36° ao 40° Dia): Rezamos pelas nossas famílias e iremos implorar ao Nosso Senhor, por intercessão de São Miguel e todas as milícias celestes, pela nossa libertação total e completa dos vícios e escravidões. Vamos pedir a Nosso Senhor e aos anjos, de modo especial, nosso anjo da guarda, a graça de vencermos a raiz de todo pecado, para destruirmos as bases dos sete pecados capitais: avareza, gula, inveja, ira, luxúria, preguiça e soberba.

Terminada as seis semanas de oração vamos celebrar um tríduo para proclamar nossa vitória, no poder do sangue de Nosso Senhor Jesus e de São Miguel Arcanjo.

PROGRAMAÇÃO DOS DIAS DE ORAÇÃO REFERENTE A CADA SEMANA

1º Dia: Ef 6,10-20

"Finalmente, irmãos, fortalecei-vos no Senhor, pelo seu soberano poder. Revesti-vos da armadura de Deus, para que possais resistir às ciladas do demônio. Pois não é contra homens de carne e sangue que temos de lutar, mas contra os principados e potestades, contra os príncipes deste mundo tenebroso, contra as forças espirituais do mal (espalhadas) nos ares. Tomai, portanto, a armadura de Deus, para que possais resistir nos dias maus e manter-vos inabaláveis no cumprimento do vosso dever. Ficai alerta, à cintura cingidos com a verdade, o corpo vestido com a couraça da justiça, e os pés calçados de prontidão para anunciar o Evangelho da paz. Sobretudo, embraçai o escudo da fé, com que possais apagar todos os dardos inflamados do Maligno. Tomai, enfim, o capacete da salvação e a espada do Espírito, isto é, a Palavra de Deus. Intensificai as vossas invocações e súplicas. Orai em toda circunstância, pelo Espírito, no qual perseverai em intensa vigília de súplica por todos os cristãos. E orai também por mim, para que me seja dado anunciar corajosamente o mistério do Evangelho, do qual eu sou embaixador, prisioneiro. E que eu saiba apregoá-lo publicamente, e com desassombro, como é meu dever!"

2º Dia: 2Cor 10,3-5

"Porque, ainda que vivamos na carne, não militamos segundo a carne. Não são carnais as armas com que lutamos. São poderosas, em Deus, capazes de arrasar fortificações. Nós aniquilamos todo raciocínio e todo orgulho que se levanta contra o conhecimento de Deus, e cativamos todo pensamento e o reduzimos à obediência a Cristo."

3º Dia: 1Pd 5,8

"Sede sóbrios e vigiai. Vosso adversário, o demônio, anda ao redor de vós como o leão que ruge, buscando a quem devorar."

4º Dia: 2Cor 2,14

"Mas graças sejam dadas a Deus, que nos concede sempre triunfar em Cristo, e que por nosso meio difunde o perfume do seu conhecimento em todo lugar."

5º Dia: Sl 90,1-16

"Tu que habitas sob a proteção do Altíssimo, que moras à sombra do Onipotente, dize ao Senhor: 'Sois meu refúgio e minha cidadela, meu Deus, em quem eu confio'. É ele quem te livrará do laço do caçador, e da peste perniciosa. Ele te cobrirá com suas plumas, sob suas asas encontrarás refúgio. Sua fidelidade te será um escudo de proteção. Tu não temerás os terrores noturnos, nem a flecha que voa à luz do dia, nem a peste que se propaga nas trevas, nem o mal que grassa ao meio-dia. Caiam mil homens à tua esquerda e dez mil à tua direita: tu não serás atingido. Porém, verás com teus próprios olhos, contemplarás o castigo dos pecadores, porque o Senhor é teu refúgio. Escolheste, por asilo, o Altíssimo. Nenhum mal te atingirá, nenhum flagelo chegará à tua tenda, porque aos seus anjos ele mandou que te guardem em todos os teus caminhos. Eles te sustentarão em suas mãos, para que não tropeces em alguma pedra. Sobre serpente e víbora andarás, calcarás aos pés o leão e o dragão. 'Pois que se uniu a mim, eu o livrarei; e o protegerei, pois conhece o meu nome. Quando me invocar, eu o atenderei; na tribulação estarei com ele. Hei de livrá-lo e o cobrirei de glória. Será favorecido de longos dias, e eu lhe mostrarei a minha salvação.'"

6º Dia: Ap 12,7-9

"Houve uma batalha no céu. Miguel e seus anjos tiveram de combater o Dragão. O Dragão e seus anjos travaram combate, mas não prevaleceram. E já não houve lugar no céu para eles. Foi então precipitado o grande Dragão, a primitiva Serpente, chamado Demônio e Satanás, o sedutor do mundo inteiro. Foi precipitado na terra, e com ele os seus anjos."

7º Dia: 1Jo 5,4-5

"(...) porque todo o que nasceu de Deus vence o mundo. E esta é a vitória que vence o mundo: a nossa fé. Quem é o vencedor do mundo senão aquele que crê que Jesus é o Filho de Deus?"

8º Dia: Tg 4,7

"Sede submissos a Deus. Resisti ao demônio, e ele fugirá para longe de vós."

9º Dia: Sl 84,9-11

"Escutarei o que diz o Senhor Deus, porque ele diz palavras de paz ao seu povo, para seus fiéis, e àqueles cujos corações se voltam para ele. Sim, sua salvação está bem perto dos que o temem, de sorte que sua glória retornará à nossa terra. A bondade e a fidelidade outra vez se irão unir, a justiça e a paz de novo se darão as mãos."

10° Dia: Cl 2,11-15

"Nele também fostes circuncidados com circuncisão não feita por mão de homem, mas com a circuncisão de Cristo, que consiste no despojamento de nosso ser carnal. Sepultados com ele no batismo, com ele também ressuscitastes por vossa fé no poder de Deus, que o ressuscitou dos mortos. Mortos pelos vossos pecados e pela incircuncisão da vossa carne, chamou-vos novamente à vida em companhia com ele. É ele que nos perdoou todos os pecados, cancelando o documento escrito contra nós, cujas prescrições nos condenavam. Aboliu-o definitivamente, ao encravá-lo na cruz. Espoliou os principados e potestades, e os expôs ao ridículo, triunfando deles pela cruz."

11° Dia: Rm 13,12-14

"A noite vai adiantada, e o dia vem chegando. Despojemo-nos das obras das trevas e vistamo-nos das armas da luz. Comportemo-nos honestamente, como em pleno dia: nada de orgias, nada de bebedeira; nada de desonestidades nem dissoluções; nada de contendas, nada de ciúmes. Ao contrário, revesti-vos do Senhor Jesus Cristo e não façais caso da carne nem lhe satisfaçais aos apetites."

12º Dia: 2Tm 3,12

"Pois todos os que quiserem viver piedosamente, em Jesus Cristo, terão de sofrer a perseguição."

13º Dia: Jd 1,3

"Caríssimos, estando eu muito preocupado em vos escrever a respeito da nossa comum salvação, senti a necessidade de dirigir-vos esta carta para exortar-vos a pelejar pela fé, confiada de uma vez para sempre aos santos."

14º Dia: Jo 12,31

"Agora é o juízo deste mundo; agora será lançado fora o príncipe deste mundo."

15º Dia: Mc 6,13

"Expeliam numerosos demônios, ungiam com óleo a muitos enfermos e os curavam."

16º Dia: Mt 16,18

"E eu te declaro: tu és Pedro, e sobre esta pedra edificarei a minha Igreja; as portas do inferno não prevalecerão contra ela."

17º Dia: Jo 10,10

"O ladrão não vem senão para furtar, matar e destruir. Eu vim para que as ovelhas tenham vida e para que a tenham em abundância."

18º Dia: Rm 7,21-23

"Encontro, pois, em mim esta Lei: quando quero fazer o bem, o que se me depara é o mal. Deleito-me na Lei de Deus, no íntimo do meu ser. Sinto, porém, nos meus membros outra Lei, que luta contra a Lei do meu espírito e me prende à Lei do pecado, que está nos meus membros."

19º Dia: Rm 8,6-9

"Ora, a aspiração da carne é a morte, enquanto a aspiração do espírito é a vida e a paz. Porque o desejo da carne é hostil a Deus, pois a carne não se submete à Lei de Deus, e nem o pode. Os que vivem segundo a carne não podem agradar a Deus. Vós, porém, não viveis segundo a carne, mas segundo o Espírito, se realmente o Espírito de Deus habita em vós. Se alguém não possui o Espírito de Cristo, este não é dele."

20° Dia: Lc 10,18-20

"Jesus disse-lhes: 'Vi Satanás cair do céu como um raio. Eis que vos dei poder para pisar serpentes, escorpiões e todo o poder do inimigo. Contudo, não vos alegreis porque os espíritos vos estão sujeitos, mas alegrai-vos porque os vossos nomes estejam escritos nos céus.'"

21º Dia: 1Cor 9,24

"Nas corridas de um estádio, todos correm, mas bem sabeis que um só recebe o prêmio. Correi, pois, de tal maneira que o consigais."

22º Dia: Hb 12,1

"Desse modo, cercados como estamos de uma tal nuvem de testemunhas, desvencilhemo-nos das cadeias do pecado. Corramos com perseverança ao combate proposto, com o olhar fixo no autor e consumador de nossa fé, Jesus."

23º Dia: 1Ts 5,17

"Orai sem cessar."

24º Dia: Mc 1,35

"De manhã, tendo-se levantado muito antes do amanhecer, ele saiu e foi para um lugar deserto, e ali se pôs em oração."

25º Dia: Lc 5,16

"Mas ele costumava retirar-se a lugares solitários para orar."

26º Dia: Jo 4,24

"Deus é espírito, e os seus adoradores devem adorá-lo em espírito e verdade."

27º Dia: 1Cor 9,25-27

"Todos os atletas se impõem a si muitas privações; e o fazem para alcançar uma coroa corruptível. Nós o fazemos por uma coroa incorruptível. Assim, eu corro, mas não sem rumo certo. Dou golpes, mas não no ar. Ao contrário, castigo o meu corpo e o mantenho em servidão, de medo de vir eu mesmo a ser excluído depois de eu ter pregado aos outros."

28º Dia: Sl 105,1-2

"Aleluia. Louvai o Senhor porque ele é bom, porque a sua misericórdia é eterna. Quem contará os poderosos feitos do Senhor? Quem poderá apregoar os seus louvores?"

29º Dia: Rm 12,1-2

"Eu vos exorto, pois, irmãos, pelas misericórdias de Deus, a oferecerdes vossos corpos em sacrifício vivo, santo, agradável a Deus: é este o vosso culto espiritual. Não vos conformeis com este mundo, mas transformai-vos pela renovação do vosso espírito, para que possais discernir qual é a vontade de Deus, o que é bom, o que lhe agrada e o que é perfeito."

30° Dia: Mt 4,1-2

"Em seguida, Jesus foi conduzido pelo Espírito ao deserto para ser tentado pelo demônio. Jejuou quarenta dias e quarenta noites. Depois, teve fome."

31º Dia: Sl 118,9-12

"Como um jovem manterá pura a sua vida? Sendo fiel às vossas palavras. De todo o coração eu vos procuro; não permitais que eu me aparte de vossos mandamentos. Guardo no fundo do meu coração a vossa palavra, para não vos ofender. Sede bendito, Senhor; ensinai-me vossas leis."

32º Dia: Js 1,8

"Traze sempre na boca as palavras deste livro da lei; medita-o dia e noite, cuidando de fazer tudo o que nele está escrito; assim prosperarás em teus caminhos e serás bem-sucedido."

33º Dia: 1Tm 4,7

"Quanto às fábulas profanas, esses contos extravagantes de comadres, rejeita-as."

34º Dia: Mt 6,16

"Quando jejuardes, não tomeis um ar triste como os hipócritas, que mostram um semblante abatido para manifestar aos homens que jejuam. Em verdade eu vos digo: já receberam sua recompensa."

35º Dia: 2Tm 3,16-17

"Toda a Escritura é inspirada por Deus, e útil para ensinar, para repreender, para corrigir e para formar na justiça. Por ela, o homem de Deus se torna perfeito, capacitado para toda boa obra."

36º Dia: Sl 1,1-2

"Feliz o homem que não procede conforme o conselho dos ímpios, não trilha o caminho dos pecadores, nem se assenta entre os escarnecedores. Feliz aquele que se compraz no serviço do Senhor e medita sua lei dia e noite."

37º Dia: 1Cr 16,29

"Tributai ao Senhor a glória devida ao seu nome! Trazei oferendas e chegai à sua presença, adorai o Senhor com ornamentos sagrados."

38º Dia: Mt 6,5-6

"Quando orardes, não façais como os hipócritas, que gostam de orar de pé nas sinagogas e nas esquinas das ruas, para serem vistos pelos homens. Em verdade eu vos digo: já receberam sua recompensa. Quando orares, entra no teu quarto, fecha a porta e ora ao teu Pai em segredo; e teu Pai, que vê num lugar oculto, te recompensará."

39º Dia: Cl 3,16

"A palavra de Cristo permaneça entre vós em toda a sua riqueza, de sorte que com toda a sabedoria vos possais instruir e exortar mutuamente. Sob a inspiração da graça cantai a Deus de todo o coração salmos, hinos e cânticos espirituais."

40° Dia: Jr 29,13

"Vós me procurareis e me haveis de encontrar, porque de todo o coração me fostes buscar."

7.

Orações para Todos os Dias do Itinerário de 40 dias com São Miguel

Para realizar de modo digno este itinerário de oração é necessário: Providenciar um altar para São Miguel com uma imagem ou uma estampa de São Miguel. Você vai precisar de uma vela para a composição deste altar, é preferível que ela esteja abençoada, para isso procure um sacerdote e peça essa caridade, que ele a abençoe, santifique e exorcize, esse poderoso sacramental que será usado por você e pelo seu grupo, família ou comunidade.

Lembrando que esses 40 dias de oração podem ser realizados em qualquer época do ano.

Como a finalidade de toda campanha de oração é a nossa mudança interior, nossa conversão, ofereça uma penitência que deve ser cumprida, com confiança e devoção durante todo o seu itinerário. Procure mantê-la em segredo, pois, o nosso Senhor nos ensinou que "aquilo que a mão direita faz, a esquerda não precisa saber" (Mt 6,3).

ORAÇÕES PARA TODOS OS 40 DIAS

Oração Inicial

Pequeno Exorcismo feito pelo Papa São Leão XIII
(que deve ser rezado diariamente)

São Miguel Arcanjo, defendei-nos no combate, sede nosso refúgio contra as maldades e ciladas do demônio. Ordene-lhe Deus, instantemente o pedimos; e vós, Príncipe da Milícia Celeste, pela virtude Divina, precipitai no inferno a satanás e a todos os espíritos malignos que andam pelo mundo para perder as almas. Amém.

Sacratíssimo Coração de Jesus, tende piedade de nós. (3x)

Ladainha de São Miguel Arcanjo

Senhor, tende piedade de nós.
Jesus Cristo, tende piedade de nós.
Senhor, tende piedade de nós.
Jesus Cristo, ouvi-nos.
Jesus Cristo, atendei-nos.
Pai Celeste que sois Deus, tende piedade de nós.
Filho, Redentor do Mundo que sois Deus, tende piedade de nós.
Espírito Santo, que sois Deus, tende piedade de nós.
Santíssima Trindade que sois um único Deus, tende piedade de nós.

Santa Maria, Rainha dos Anjos, rogai por nós.
São Miguel, rogai por nós.
São Miguel, cheio da graça de Deus, rogai por nós.
São Miguel, perfeito adorador do Verbo Divino, rogai por nós.

São Miguel, coroado de honra e de glória, rogai por nós.
São Miguel, poderosíssimo Príncipe dos exércitos do Senhor, rogai por nós.
São Miguel, porta-estandarte da Santíssima Trindade, rogai por nós.
São Miguel, guardião do Paraíso, rogai por nós.
São Miguel, guia e consolador do povo israelita, rogai por nós.

São Miguel, esplendor e fortaleza da Igreja militante, rogai por nós.
São Miguel, honra e alegria da Igreja triunfante, rogai por nós.
São Miguel, Luz dos Anjos, rogai por nós.
São Miguel, baluarte dos Cristãos, rogai por nós.
São Miguel, força daqueles que combatem pelo estandarte da Cruz, rogai por nós.
São Miguel, luz e confiança das almas no último momento da vida, rogai por nós.
São Miguel, socorro muito certo, rogai por nós.
São Miguel, nosso auxílio em todas as adversidades, rogai por nós.
São Miguel, arauto da sentença eterna, rogai por nós.
São Miguel, consolador das almas do purgatório, rogai por nós.
São Miguel, a quem o Senhor incumbiu de receber as almas depois da morte, rogai por nós.
São Miguel, nosso Príncipe, rogai por nós.
São Miguel, nosso Advogado, rogai por nós.

Cordeiro de Deus, que tirais o pecado do mundo, perdoai-nos, Senhor.
Cordeiro de Deus, que tirais o pecado do mundo, ouvi-nos, Senhor.
Cordeiro de Deus, que tirais o pecado do mundo, tende piedade de nós, Senhor.

Jesus Cristo, ouvi-nos.
Jesus Cristo, atendei-nos.

Rogai por nós, ó glorioso São Miguel, Príncipe da Igreja de Cristo,
R. para que sejamos dignos de Suas promessas. Amém.

Oremos:

Senhor Jesus Cristo, santificai-nos, por uma bênção sempre nova e concedei-nos, pela intercessão de São Miguel, a sabedoria que nos ensina a ajuntar riquezas do Céu e a trocar os bens do tempo presente pelos bens eternos. Vós que viveis e reinais em todos os séculos dos séculos.

Amém.

Consagração a São Miguel Arcanjo

Ó, Príncipe nobilíssimo dos Anjos, valoroso guerreiro do Altíssimo, zeloso defensor da glória do Senhor, terror dos espíritos rebeldes, amor e delícia de todos os Anjos justos, meu diletíssimo Arcanjo São Miguel, desejando eu fazer parte do número dos vossos devotos e servos, a vós hoje me consagro, me dou e me ofereço e ponho-me a mim próprio, a minha família e tudo o que me pertence, debaixo da vossa poderosíssima proteção.

É pequena a oferta do meu serviço, sendo como sou um miserável pecador, mas vós engrandecereis o afeto do meu coração; recordai-vos que de hoje em diante estou debaixo do vosso sustento e deveis assistir-me em toda a minha vida e obter-me o perdão dos meus muitos e graves pecados, a graça de amar a Deus de todo coração, ao meu querido Salvador Jesus Cristo e a minha Mãe Maria Santíssima, obtende-me aqueles auxílios que me são necessários para obter a coroa da eterna glória.

Defendei-me dos inimigos da alma, especialmente na hora da morte. Vinde, ó príncipe gloriosíssimo, assistir-me na última luta e com a vossa arma poderosa lançai para longe, precipitando nos abismos do inferno, aquele anjo quebrador de promessas e soberbo que um dia prostrastes no combate no Céu.

São Miguel Arcanjo, defendei-nos no combate para que não pereçamos no supremo juízo.

8.

Tríduo da Vitória - Com os Santos Anjos

1º Dia: Vitória sobre os nossos medos

"Nada temas, porque estou contigo, não lances olhares desesperados, pois eu sou teu Deus; eu te fortaleço e venho em teu socorro, eu te amparo com minha destra vitoriosa." (Is 41,10)

2º Dia: Vitória sobre os nossos inimigos

"Porque o Senhor, vosso Deus, marcha convosco para combater contra os vossos inimigos e para vos dar a vitória." (Dt 20,4)

3º Dia: Vitória sobre a Vida Velha (Sombras do Passado)

"Mas, em todas essas coisas, somos mais que vencedores pela virtude daquele que nos amou. Pois estou persuadido de que nem a morte, nem a vida, nem os anjos, nem os principados, nem o presente, nem o futuro, nem as potestades, nem as alturas, nem os abismos, nem outra qualquer criatura nos poderá apartar do amor que Deus nos testemunha em Cristo Jesus, nosso Senhor." (Rm 8,37-39)

9.

Jejum de Daniel

"Naqueles dias eu, Daniel, estava pranteando por três semanas inteiras. Nenhuma coisa desejável comi, nem carne, nem vinho entraram na minha boca, nem me ungi com unguento, até que se cumpriram as três semanas completas." (Dn 10,2-3)

Como faremos o nosso Jejum?

Por três semanas (vinte e um dias) somos convocados a um jejum parcial. Será um tempo de maior oração e dedicação ao Senhor. Durante esse tempo, evitaremos alimentos pelos quais buscamos mais saciar nosso gosto do que as necessidades reais do nosso organismo (refrigerantes, doces, excesso de frituras ou outros alimentos que constituam hábitos alimentares aos quais estejam apegados).

Aos que tiverem condições, escolher entre duas opções: ou iniciar a alimentação diária só a partir das 12h, ou simplesmente cortar uma das refeições do dia. Cuidado somente para não “descontar” na próxima refeição para compensar o que foi omitido.

ROTEIRO PARA A ORAÇÃO PESSOAL NOS DIAS DE JEJUM DE DANIEL:

1º dia: Ore o Salmo 15 e tome posse da herança que o Senhor reservou para você.

ATO CONCRETO: MISSA

2º dia: Ore o Salmo 19 e levante bandeiras de vitória na sua vida, em nome do Senhor.

ATO CONCRETO: CONFISSÃO

3º dia: Ore o Salmo 23 e deixe entrar o Rei da Glória na sua vida e na sua casa.

ATO CONCRETO: PERDOAR

4º dia: Ore o Salmo 33 e prove como o nosso Deus é bom.

ATO CONCRETO: GESTOS DE AMOR

5º dia: Ore o Salmo 56 e mantenha o seu coração firme em meio as dificuldades.

ATO CONCRETO: FAZER UM MOMENTO DE ADORAÇÃO

6º dia: Ore o Salmo 31 e receba o maravilhoso perdão que Deus tem para você.

ATO CONCRETO: MISSA

7º dia: Ore o Salmo 85 e creia que o Senhor ouve você nos dias de angústia.

ATO CONCRETO: REZAR UM TERÇO

8º dia: Ore o Salmo 102 e bendiga o Senhor que afasta de nós os nossos pecados.

ATO CONCRETO: PERDOAR

9º dia: Ore o Salmo 26 e vença todo medo com a luz e a salvação que vem do Senhor.

ATO CONCRETO: FAZER UM MOMENTO DE ADORAÇÃO

10º dia: Ore o Salmo 29 e exalte o Senhor que livra você de todos os males.

ATO CONCRETO: MISSA

11º dia: Ore o Salmo 114 e declare o seu amor e gratidão ao Senhor.

ATO CONCRETO: REZAR UM TERÇO

12º dia: Ore o Salmo 24 e volte seus olhos só para o Senhor e seus caminhos.

ATO CONCRETO: FAZER UM MOMENTO DE ADORAÇÃO

13º dia: Ore o Salmo 83 e encontre um abrigo seguro junto do coração de Deus.

ATO CONCRETO: MISSA

14º dia: Ore o Salmo 53 e declare que o Senhor já está vindo em seu auxílio.

ATO CONCRETO: GESTOS DE AMOR

15º dia: Ore o Salmo 120 e creia: o socorro vem somente do Senhor.

ATO CONCRETO: PERDOAR

16º dia: Ore o Salmo 148 e louve o nome Santo do Senhor com toda a criação.

ATO CONCRETO: FAZER UM MOMENTO DE ADORAÇÃO

17º dia: Ore o Salmo 125 e creia na promessa: você colherá frutos de alegria.

ATO CONCRETO: MISSA

18º dia: Ore o Salmo 146 e adore o Senhor que cura o seu coração ferido.

ATO CONCRETO: REZAR UM TERÇO

19º dia: Ore o Salmo 137 e cante ao Senhor na presença dos seus anjos.

ATO CONCRETO: FAZER UM MOMENTO DE ADORAÇÃO

20º dia: Ore Lucas 1,46-55 e engrandeça o Senhor de todo o seu coração.

ATO CONCRETO: MISSA

21º dia: Ore Efésios 1,3-12 e creia: você já recebeu todas as graças do Céu em Cristo Jesus. Aleluia!

ATO CONCRETO: MISSA

O que comer durante o Jejum de Daniel?

Verduras, raízes, bulbos, frutos e sementes, folhas e tubérculos: batata, batata doce, cará, inhame, mandioca, mandioquinha, pinhão, cenoura, aipo, alho, aspargo, azeitona, beterraba, cebola, alho-poró, cenoura, erva-doce, nabo, rabanete, abóbora, abobrinha, berinjela, chuchu, cogumelo, jiló, moranga, palmito, pepino, picles, pimentão, quiabo, tomate, acelga, agrião, alcachofra, alface, almeirão, cebolinha, cheiro verde, chicória, couve, couve de Bruxelas, couve-flor, espinafre, mostarda, repolho, salsa, ervilha, grão de bico, feijão, lentilha, soja, vagem etc.

Cereais: arroz, aveia em flocos, barra de cereal (sem chocolate), granola, milho etc.

Castanhas: nozes, amêndoas, avelã, pistache, amendoim, castanha do Pará, castanho de caju etc.

Frutas: abacate, açaí, abacaxi, ameixa, amora, banana, caju, caqui, cereja, figo, fruta do conde, goiaba, jaca, jabuticaba, kiwi, laranja, limão, mamão, manga, maracujá, maçã, melancia, melão, mimosa, pera etc.

Ovos: de galinha, de pata, de codorna.

Bebidas: água de coco, suco naturais, caldo de cana, chá.

Oração Augusta Rainha do Céus e Senhora dos Anjos

Augusta Rainha dos céus, Senhora dos Anjos,
Vós que, desde o princípio, recebestes de Deus
o poder e a missão de esmagar a cabeça de Satanás,

Humildemente vos rogamos que
Envieis as legiões celestes para que,
sob vossas ordens, persigam os demônios, combatendo-os

por toda a parte,
Reprimindo-lhes a insolência e lançando-os no abismo.

Quem é como Deus? Ninguém!

Ó, Mãe de bondade e ternura,
Vós sereis sempre o nosso Amor e a nossa esperança.
Ó, Mãe Deus,
Enviai os Santos Anjos para nos defenderem,
E repeli para longe de nós o cruel inimigo.
Santos Anjos e Arcanjos,
Defendei-nos e guardai-nos.

Amém.

NOVENA AOS ARCANJOS MIGUEL, GABRIEL E RAFAEL

A Igreja celebra em 29 de setembro a festa litúrgica dos Arcanjos São Miguel, São Gabriel e São Rafael, nossos defensores nomeados por Deus no combate aos ataques do maligno. Eles aparecem na Bíblia com missões importantes de Deus.

Primeiro Dia

Pelo sinal da Santa Cruz, livrai-nos, Deus, nosso Senhor, dos nossos inimigos. Em nome do Pai, e do Filho e do Espírito Santo.

Amém.

Ato de Contrição

Senhor, meu Jesus Cristo, Deus e homem verdadeiro, Criador e Redentor meu: por serdes Vós quem sois, sumamente bom e digno de ser amado sobre todas as coisas, e porque Vos amo e estimo, pesa-me, Senhor, de todo o meu coração, de Vos ter ofendido; pesa-me também de ter perdido o Céu e merecido o inferno; e proponho firmemente, ajudado com o auxílio de Vossa divina graça, emendar-me e nunca mais Vos tornar a ofender. Espero alcançar o perdão de minhas culpas pela Vossa infinita misericórdia.

Amém.

Oração inicial

Deus todo-poderoso e eterno, bendito e louvado sejais por toda a eternidade, e que todos os Anjos e homens, por Vós criados, Vos adorem, Vos amem e Vos sirvam, ó Deus Santo, Deus Forte, Deus Imortal! E vós, Maria, Rainha de todos os Anjos, aceitai benignamente as nossas súplicas dirigidas aos vossos servos e apresentai-as junto do trono do Altíssimo, vós que sois a onipotência suplicante e medianeira das graças, a fim de obtermos graça, salvação e auxílio.

Amém.

Oração aos Santos Arcanjos Miguel, Gabriel e Rafael

São Miguel Arcanjo, vós sois o Príncipe das Milícias Celestiais, o vencedor do dragão infernal; vós recebestes de Deus a força e o poder para aniquilar, por meio da humildade, o orgulho dos poderes das trevas. Nós vos imploramos: suscitai em nós a autêntica humildade do coração, a fidelidade inquebrantável para cumprirmos sempre a vontade de Deus, a força no sofrimento e nas necessidades. Ajudai-nos a subsistir diante do tribunal de Deus.

São Gabriel Arcanjo, vós sois o anjo da Encarnação, o mensageiro fiel de Deus. Abri os nossos ouvidos para captarmos até os mínimos sinais e chamados do Coração amantíssimo de nosso Senhor. Permanecei sempre diante de nossos olhos, imploramos-vos, para compreendermos corretamente a Palavra de Deus, para a seguirmos e a ela obedecermos, de modo a cumprir aquilo que Deus quer de nós. Fazei-nos vigilantes na espera do Senhor, para que não nos encontre adormecidos quando chegar.

São Rafael Arcanjo, vós sois o mensageiro do amor de Deus. Nós vos imploramos: feri nosso coração com amor ardente por Deus e não deixeis que essa ferida se feche jamais, para que permaneçamos no caminho do amor em nossa vida diária e vençamos todos os obstáculos pela força deste amor. Ajudai-nos, grandes irmãos e santos, servidores como nós diante de Deus. Protegei-nos de nós mesmos, da nossa covardia e tibieza, do nosso egoísmo e avareza, da nossa inveja e desconfiança, da nossa autossuficiência e comodidade, do nosso desejo de ser apreciados. Desatai-nos dos laços do pecado e de toda amarra ao mundo. Soltai a venda que nós mesmos atamos sobre os nossos olhos para dispensar-nos de ver a miséria que nos rodeia e podermos olhar o nosso próprio eu sem nos incomodarmos. Cravai em nosso coração o aguilhão da santa inquietação de Deus, para que não cessemos jamais de buscá-Lo com paixão, contrição e amor. Buscai em nós o Sangue de Nosso Senhor que se derramou por nós. Buscai em nós as lágrimas de nossa Rainha vertidas por nossa causa. Buscai em nós a imagem de Deus destroçada, borrada, deteriorada; a imagem de Deus a que Ele próprio quis nos criar por amor. Ajudai-nos a reconhecer a Deus, a adorá-Lo, amá-Lo e servi-Lo. Ajudai-nos na luta contra os poderes das trevas que nos rodeiam e nos oprimem traiçoeiramente. Ajudai-nos para que nenhum de nós se perca e para que, um dia, em júbilo, possamos nos reunir na felicidade eterna. Amém.

Intenções e orações

Dizem-se agora as intenções da novena.
Rezam-se em seguida 3 Pai-Nossos, 1 Ave-Maria e 1 Glória.

Invocações finais

São Miguel, lutai ao nosso lado com vossos anjos; ajudai-nos e rogai por nós.
São Rafael, lutai ao nosso lado com vossos anjos; ajudai-nos e rogai por nós.
São Gabriel, lutai ao nosso lado com vossos anjos; ajudai-nos e rogai por nós.
Amém.

Reza-se durante os nove dias essas mesmas orações acima.

10.

Consagração da Família a Nossa Senhora dos Anjos e a São José

Santíssima Virgem Maria, mãe de Nosso Senhor Jesus Cristo e Senhor Nosso, Senhora do Santíssimo Rosário, Rainha dos exércitos celestes, Senhora dos Anjos, vinde em nosso auxílio e proteção.

Assim como a Senhora cuidou e nutriu o menino Jesus, eu vos peço neste dia que, abençoe, proteja e nutra a mim e aos membros da minha família (diga o nome dos membros da sua casa).

Livrai-os, ó Senhora dos Anjos, de todos os ataques e ciladas do Demônio e seus anjos rebeldes, de todas as armadilhas e ciladas, planejadas por ele, para colocar em perigo nossa vida, nossos trabalhos e projetos neste dia.

Eu me consagro e consagro os meus amigos e familiares, bem como, tudo que temos e possuímos, a Senhora e te peço, que nos esconda debaixo do seu manto de amor, contra todos os dardos inflamados do maligno.

Meu diletíssimo São José, terror dos infernos, assim como o senhor protegeu o menino Jesus de todos os assaltos e perigos, protegei e guardai, a mim e aos meus, no dia de hoje, contra toda espécie de mal e violência. Que possamos sair e voltar em perfeita segurança, e sermos acompanhados por ti, para mais uma jornada que se inicia. Que por sua intercessão, se manifeste em todos os nossos empreendimentos, a Divina Providência, e que tudo façamos para maior glória de Deus. Assim consagro a mim e a todos os meus, bem como, tudo que tenho e possuo a vossa poderosa proteção, valei-me agora e neste dia, contra os embustes do mal.

Amém.

Rezar 1 Pai-Nosso, 3 Ave-Marias, 1 Glória ao Pai.
Nossa Senhora dos Anjos, rogai por nós.
São José, valei-nos e protegei-nos.

CONCLUSÃO

"Intensificai as vossas invocações e súplicas. Orai em toda circunstância, pelo Espírito, no qual perseverai em intensa vigília de súplica por todos os cristãos." (Ef 6,18)

Tendo chegado até aqui, dileto filho (a), certamente você já terá percorrido o itinerário dos 40 Dias de oração com São Miguel. Isso muito me alegra, e se alegra a mim, imagina a Nosso Senhor?! Deus te abençoe, você já é mais que vitorioso, por ter perseverado até aqui.

Contudo, a primeira impressão ou tentação a ser evitada é a busca de resultados imediatos. Sim, esta tem sido uma das grandes armadilhas que nosso adversário, o demônio, tem utilizado para desmotivar, destruir e enfraquecer a fé do povo santo de Deus.

Após períodos longos de oração, de campanhas espirituais e itinerários como este, somos tentados a procurar os resultados de forma imediata e material, mas, nem sempre essa é a pedagogia utilizada por Nosso Senhor. No mundo espiritual o tempo cronológico não tem importância, uma vez que estamos no *kairós* de Deus.

Como bem nos recorda a Palavra de Deus: **"Mas há uma coisa, caríssimos, de que não vos deveis esquecer: um dia diante do Senhor é como mil anos, e mil anos como um dia. O Senhor não retarda o cumprimento de sua promessa, como alguns pensam, mas usa da paciência para convosco. Não quer que alguém pereça; ao contrário, quer que todos se arrependam." (2Pe 3,8-9).**

Portanto, se você realizou o itinerário, você já alcançou sua graça. Sim, seu milagre já aconteceu, embora ele ainda não tenha se manifestado, ele já aconteceu, ele já realizou a maior e mais importante mudança, que não está do lado de fora, mas dentro de VOCÊ.

Após esse caminho de oração, mesmo que suas realidades sejam as mesmas, a saber, os problemas, as dificuldades em sua vida material, espiritual, psicológica, familiar, VOCÊ, E SÓ VOCÊ, não é mais a mesma pessoa. Ele, o Senhor, por meio, do Espírito Santo e de São Miguel Arcanjo, já te forjou e formou como um COMBATENTE, como um

GUERREIRO, do EXÉRCITO DO SENHOR.

Saiba que enquanto Ele não te responde, Ele te santifica. Tudo tem um propósito e uma razão de ser no mundo espiritual. É exatamente por isso que Nosso Senhor, ensinando aos apóstolos como vencer o tentador, não disse que precisariam rezar uma única vez, nem tão pouco, que a vigilância e a perseverança deveriam ser por apenas um período, mas SEMPRE.

De agora em diante, você deve rezar SEMPRE, em todas as circunstâncias pelo poder do Espírito, como diz, o texto da armadura de Deus, supracitado no início desta conclusão.

Por fim, saiba que você pode contar não só comigo, como seu amigo e pai espiritual — pois foi para isso que Nosso Senhor Jesus nos fez padres — mas também com nossos amigos no Céu, que te escolheram a partir da leitura e realização deste itinerário como filho e soldado, são eles: **São Miguel Arcanjo, São Padre Pio de Pietrelcina, São Bento, Santa Teresinha do Menino Jesus, São Luís e Santa Zélia, bem como Nossa Senhora de Fátima e São José.**

Todos eles agora cuidam de você e de sua casa, pois ao adquirir e realizar este itinerário espiritual, você e sua família, são convidados a fazerem parte da Família Sentinela, um apostolado criado por Deus e dirigido por mim, para levar as famílias para o Céu.

Para saber mais sobre nossa missão e apostolado, é imprescindível, a aquisição e leitura, do nosso livro: **"Famílias em ordem de Batalha, salve sua família de joelhos"**, também publicado pela Angelus Editora. Nele eu vou te ensinar como vencer as batalhas contra o demônio e saber a estratégia correta para levar sua família para o céu. Você não pode deixar de tê-lo como livro de cabeceira, que junto com este que você acabou de ler, são armas eficazes para os homens e mulheres deste tempo, que aceitaram a missão de salvar a casa, pela força da oração.

Que Deus e Nossa Senhora te abençoem e protejam; e que São Miguel Arcanjo te faça cada vez mais um guerreiro espiritual, pois como sabemos, nossa luta não é contra a carne e o sangue, mas contra realidades sobrenaturais.

A todos minha bênção e rezem por mim!

Fraternalmente,

Padre Diogo Albuquerque

REFERÊNCIAS BIBLIOGRÁFICAS

Bíblia Ave Maria

https://pt.aleteia.org/2020/08/10/batalha-no-ceu-a--historia-de-sao-miguel-arcanjo-e-os-anjos-caidos

https://pt.aleteia.org/2021/08/27/sao-miguel-arcanjo-defensor-da-fe-e-da-igreja

https://pt.aleteia.org/2021/06/20/a-visao-demoniaca-que-inspirou-a-composicao-da-oracao-de-sao-miguel-arcanjo

https://portadeassis.com.br/publicacoes/artigos/18241-historia-da-quaresma-de-sao-miguel-arcanjo

ANGELVS
EDITORA